Manuel de la moyenne section

DENISE CHAUVEL • ISABELLE LAGOUEYTE

Cycle des apprentissages premiers

Éditions RETZ
1, rue du départ
75014 PARIS
www.editions-retz.com

Sommaire

Introduction

• • L'enfant de 4-5 ans

Il est certain que la majorité des enfants de 4 à 5 ans sont scolarisés dans les écoles maternelles en France. La plupart d'entre eux ont déjà vécu une année scolaire en section des petits. L'enseignant de moyenne section se doit de prendre en compte les acquis de ces enfants, tant les acquis scolaires que les acquis du milieu familial.

La spécificité de l'enfant de 4-5 ans est qu'il se trouve en situation d'appréhender le monde avec une habileté langagière et motrice qui s'accroît en permanence. Sa pensée se structure, ce qui le propulse inconsciemment au rang des plus grands. Toutefois il n'y parvient pas vraiment, car toutes ces facultés sont sous-jacentes et ne lui permettent pas d'aborder différentes notions et concepts. Par exemple, un enfant de cette tranche d'âge, mis régulièrement en situation de lecteur, c'est-à-dire d'interrogateur de l'écrit, se croit capable d'apprendre à lire. En revanche, un enfant de grande section, âgé de 5-6 ans, saisit rapidement les difficultés qu'il aura à rencontrer pour accéder au rang de lecteur.

• • Le rôle de l'enseignant

L'habileté langagière et motrice développée par l'enfant lui permet de révéler son imaginaire débordant, qui le place en *leader* des créateurs d'histoires. Le rôle de l'enseignant est alors de permettre à chaque enfant de se construire, à partir de la prise de conscience de ses compétences. Il doit créer un environnement générateur de curiosité et pour cela, proposer des activités motivantes et jubilatoires dans lesquelles l'enfant est acteur de ses apprentissages. Ces activités lui donneront l'occasion de développer les capacités inhérentes à son âge.

Afin que l'enfant puisse agir, s'exprimer et se développer harmonieusement, l'enseignant doit organiser sa classe en prenant chacun en compte. Or, il est difficile d'observer, de relancer ou de solliciter chaque enfant quand on fonctionne avec le groupe–classe entier (30 élèves).

Le travail par ateliers est donc une nécessité absolue, car ils offrent un lieu où l'enseignant et les enfants échangent plus facilement. Le groupe–classe est donc divisé en quatre ateliers tournant, composés de six à huit enfants ; un de ces ateliers exige la présence de l'adulte; dans les trois autres, les enfants font des travaux tout aussi motivants et valorisants. Chaque groupe d'enfant passe successivement dans tous les ateliers.

Cependant le groupe–classe doit exister à certains moments et pour certaines activités. Car une unité et un intérêt commun sont indispensables pour que la classe vive les mêmes émotions.

• • Le contenu de l'ouvrage

Cet ouvrage propose des fiches d'activités avec, pour chacune, les objectifs à atteindre, l'exploitation à mettre en œuvre et l'évaluation qu'il est possible d'en faire.

Ces fiches sont précédées d'un rappel des compétences de l'enfant de 4-5 ans dans le domaine concerné. La plupart des séances se déroulent en atelier avec des regroupements de classe.

L'évaluation est construite par l'enfant à partir de ses capacités présentes et à venir : être grand c'est...

L'ouvrage est bâti autour du projet du ministère de l'Éducation nationale, exposé dans les Instructions officielles de 1995. Les auteurs se sont attachés à proposer des sujets dans chaque domaine d'activité et pour les instruments d'apprentissage, en essayant qu'ils soient originaux mais sans oublier la faisabilité dans une classe. C'est pourquoi toutes les propositions de travail ont été testées dans une classe de moyenne section.

Les domaines d'activité

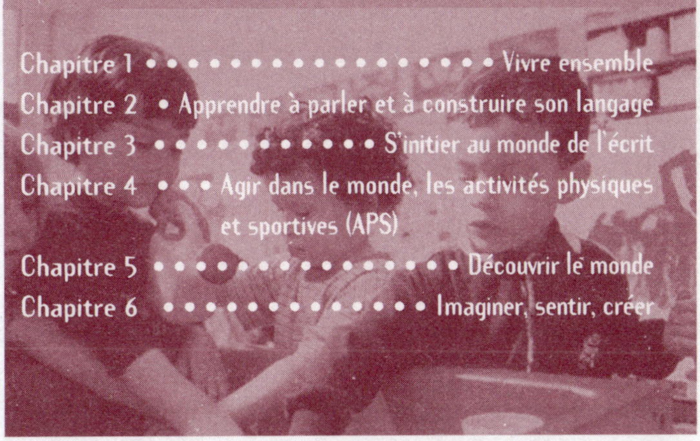

Chapitre 1

Vivre ensemble

L'accueil du matin

L'accueil du matin est le moment où l'enfant passe de la vie de famille à la vie de l'école. Ce moment, très important, nécessite une réflexion et des aménagements au sein de l'école.

• • Où ? Le lieu de l'accueil

Il est souhaitable que cet accueil se fasse dans la classe plutôt que dans la cour, la salle d'APS ou sous le préau. Cela permet une transition confortable et rassurante de la maison à l'école. L'enfant se retrouve dans un lieu familier et l'enseignant peut accueillir chacun avec son parent.

• • Comment ? Le rôle de l'enfant, des parents, de l'enseignant

Lors de la première réunion avec les parents, il convient de définir le rôle qu'ils auront à jouer pendant cet accueil.

• L'enfant entre dans la classe avec ses parents ; il dit bonjour. Ainsi, il renoue le contact et bénéficie d'un accueil individualisé et chaleureux. Il prend aussi l'habitude de dire bonjour aux adultes. L'enseignant lui suggère de dire aussi bonjour à ses petits camarades.

• Les parents aident l'enfant à se mettre en tenue : enlever les vêtements chauds et les accrocher au portemanteau, ranger dans une corbeille les objets éventuellement apportés de la maison, enlever et ranger les chaussures, mettre les chaussons... L'enfant retrouve ses espaces personnels et personnalisés. En s'installant, il s'approprie les lieux et les endroits qui lui sont réservés.

- Avec ses parents, l'enfant effectue les premiers rituels : il s'inscrit ou non à la cantine, prend connaissance de ses responsabilités pour la journée, etc.
- L'enfant montre à ses parents, s'il y a lieu, les nouveaux affichages, voire les nouveautés de la classe.
- Les parents l'aident à choisir une activité qui l'intéresse et qu'il pourra effectuer avec d'autres enfants, pour se mettre dans des conditions favorables pour commencer la journée. À cet instant, le parent se détache de son enfant pour s'occuper, si besoin est, des enfants dont les parents n'ont pas pu rester. Puis il annonce son départ. Il est très important que le parent ne parte pas en cachette.
- Pendant cet accueil, le rôle de l'enseignant est très important : il prépare les lieux avant l'arrivée des enfants et accueille chaleureusement chaque enfant et sa famille. Il noue ainsi des relations de confiance. Il s'informe auprès des parents de la santé de l'enfant, mais cet échange doit être bref car l'accueil est, avant tout, un moment fait pour accueillir physiquement l'enfant. À l'enseignant de proposer un rendez-vous si l'entretien devient trop long.

• • Quelle durée ?

L'accueil doit avoir une durée limitée qui doit être fixée dès le début de l'année. Il serait souhaitable que tous les enfants arrivent entre 8 h 20 et 8 h 30 pour profiter de ce moment. Tous les parents quittent l'école entre 8 h 30 et 8 h 40, selon la décision du conseil de l'école.

Après leur départ, les enfants rangent et se rassemblent dans le coin « regroupement ». Pendant le rangement, l'enseignant contrôle les inscriptions à la cantine et au goûter.

L'enseignant présente alors l'emploi du temps de la journée. C'est un moment indispensable pour que les enfants sachent comment va se dérouler leur temps scolaire. Ainsi, certains enfants angoissés deviennent vite enthousiastes, pour peu que l'enseignant propose des activités motivantes.

Apprendre à se connaître

Objectifs : – se découvrir des spécificités ;
– se découvrir des points communs ;
– se découvrir des différences.

• • Déroulement

• **Le premier jour** de classe, l'enseignant demande à chaque élève de lui dire, ainsi qu'aux autres enfants de la classe, son prénom. Lui-même se présente. Il sollicite et aide les enfants timides.

• **Au cours de l'année scolaire,** l'habitude est prise de se présenter à toute nouvelle personne : la marionnette de la classe, l'aide-éducateur(trice), l'ATSEM, l'intervenant en musique, le directeur (ou la directrice), les autres maîtres et maîtresses, les autres enfants de l'école.

• **Un trombinoscope** des enfants de la classe, ainsi que celui des adultes de l'école, est mis dans chaque cahier de vie.

• **Une réflexion** est menée tout au long de l'année sur la place des enfants au sein de leur famille. Ils s'expriment aussi sur leurs jeux et jouets préférés ou pas, leurs plats préférés ou détestés, leurs activités, leurs vacances.

L'enseignant les encourage aussi à présenter d'autres enfants à leurs parents – ce peut être, dans un premier temps, leur meilleur copain.

En fait, ils apprennent ainsi à mieux se connaître et à bien se situer parmi leurs pairs.

• • Organisation des jeux

• **Avec les photographies des enfants :**

– donner à chacun une photographie d'un autre enfant : le premier rend la photographie au deuxième et annonce le prénom de l'enfant ;

– fabriquer des jeux (loto, dominos, etc.) avec les photographies en les réduisant et en les collant sur du carton. Plastifier chaque pièce.

• Les devinettes :

l'enseignant décrit un enfant qui doit se reconnaître. « *Je pense à un enfant qui...* ». Le rôle du meneur de jeu est ensuite repris par les enfants.

L'organisation spatiale de la classe

L'enseignant aménage sa classe de manière à favoriser les objectifs de l'école maternelle et à répondre aux besoins des enfants.

• • Favoriser l'autonomie

• Le matériel est mis à la disposition des enfants. Il est introduit progressivement au cours des premières semaines de l'année scolaire.

Le rangement du matériel est organisé par les enfants. Par exemple, ils cherchent, avec l'aide de l'enseignant, où ranger les feutres pour pouvoir les retrouver facilement. Puis l'enseignant propose de découper une image de feutres dans un catalogue et de la coller à l'emplacement réservé à ce matériel.

• Chaque enfant a un casier où il peut ranger ses dessins et ses objets personnels. Ce casier est personnalisé par la photographie et le prénom de l'enfant.

• L'enseignant attribue à chaque enfant une boîte à étiquettes-prénoms. Elle est rangée dans le casier de l'enfant et contient les étiquettes découpées, que chacun collera sur ses productions.

• Les panneaux, sur lesquels les enfants s'inscrivent ou non à la cantine et au goûter, sont installés à l'entrée de la classe.

• D'autres panneaux présentent les tâches à responsabilité de chacun : présenter le menu du petit-déjeuner, aller porter la feuille de cantine au directeur ou à la directrice, aller regarder le menu du déjeuner, arroser les plantes, soigner les animaux, compter les enfants, etc.

• Un évier est à la disposition des enfants, sur lequel chacun pourra trouver et utiliser seul : un savon, une brosse à ongles, une serviette-éponge, des verres, des brocs, une éponge.

À côté de l'évier se trouvent un petit balai et un ramasse-poussière.

• • Répondre aux besoins d'imitation

• Des coins « jeux d'imitation » installés en permanence vont permettre aux enfants de reproduire des scènes vécues ou vues à la maison, d'inventer des histoires et ainsi, de favoriser leurs échanges avec les autres.

Ces coins jeux doivent êtres équipés avec du matériel de qualité, en quantité suffisante et exploitable dans des activités pédagogiques comme les activités mathématiques, graphiques, langagières, etc.

• Au cours des premières semaines, les coins jeux sont investis fréquemment par les enfants. Ils en connaissent rapidement tous les objets et leur fonction. Cette approche se fait sous la forme de jeux de rôles, au cours desquels chacun participe. Chaque objet a ensuite une place définie selon le rôle qu'il peut jouer dans un environnement précis. Par exemple, une poupée se range dans le coin « chambre », allongée sur un lit, ou dans le coin « cuisine », assise sur une petite chaise ; un verre se range dans le buffet du coin « cuisine ».

Tout y est également étiqueté : le nom de chaque coin et les objets principaux que l'on peut y trouver.

• • Favoriser la socialisation

• Un coin « regroupement » assez spacieux permettra à tous d'être assis confortablement, face à un tableau. C'est ici que se dérouleront les rituels, les discussions, les présentations de matériel, d'objets, l'élaboration des projets communs à la classe...

• Des jeux et des coins « jeux » seront suffisamment fournis pour permettre à chacun de prendre sa part dans le jeu et d'avoir le même matériel qu'un autre enfant pour faciliter les interactions.

• • Développer l'envie et le goût de lire

Un coin « bibliothèque », assez grand et confortable (moquettes, coussins), isolé, contiendra des albums variés, des livres documentaires, des imagiers, des revues, des journaux, des albums fabriqués en classe pour se souvenir des principaux événements de la classe (sorties, fêtes, anniversaires...).

Les meubles de rangement seront suffisamment grands pour

permettre un rangement facile et laissant apparaître les couvertures des livres.

• • Favoriser l'expression et la création

Un coin « activités plastiques » comportera :

– un panneau mural et de grandes tables, voire des chevalets, pour permettre aux enfants de s'exprimer dans l'art de la peinture et le geste graphique dans différentes positions : verticale, horizontale, oblique ;

– des matériaux divers : peinture, craies, pinceaux, brosses, rouleaux, pâte à modeler, ciseaux, colle, différents papiers, différents bouchons, bâtons, pailles, brochettes en bois, abaisse-langue…

• • Favoriser la découverte du monde

• Une table à trésors s'enrichira de chaque apport des enfants (éléments naturels : bâtons, feuilles d'arbres, coquillages ; albums ; objets divers).

• Une table aux cinq sens permettra aux enfants de découvrir chaque semaine de nouvelles sensations et d'éprouver leurs sens.

• Un coin « élevage » pourra être installé (hamster, ver de terre, tortue, escargot…).

• Un coin « plantations » sera bien situé dans la classe, avec un apport de lumière et de chaleur en quantité suffisante.

• D'autres jeux ou activités seront installés ponctuellement : eau, sable, aimants…

• • Favoriser la manipulation spontanée et l'acquisition de compétences spécifiques

Laisser à la disposition des élèves :

– des jeux de construction, rangés dans de grands bacs plastique sur roulettes pour pouvoir les emmener aussi dans le coin « regroupement » ;

– des puzzles ;

– des jeux d'enfilages de perles ;

– des jeux d'emboîtement, des abaques ;

– des jeux à règles : dés, dominos, lotos, cartes…

• • Favoriser la bonne circulation dans le domaine classe

Les tables et les chaises sont regroupées au milieu de la classe, en laissant de larges espaces pour les déplacements.

Les coins jeux de rôles – cuisine, chambre, garage, ferme... – sont assez vastes pour le nombre d'enfants utilisateurs. Quatre ou cinq colliers peuvent être accrochés à l'entrée pour limiter le nombre d'enfants : chaque joueur met un collier et, quand il n'y a plus de collier, cela veut dire que le nombre est atteint ; les enfants suivants vont à un autre jeu.

La visite de l'école

Objectifs : - savoir se repérer physiquement dans l'école ;
- être capable de verbaliser ses positions ou déplacements.

Cette appropriation du milieu scolaire se fait sur plusieurs séances, sans ordre chronologique.

• • Exploitation

Le groupe–classe se déplace dans les lieux communs de l'école : la cour, la cantine, la salle d'APS, les sanitaires, le dortoir des petits, les autres classes.

Chacun s'exprime sur :
- le nom du lieu ;
- sa position, par rapport à la classe ou par rapport à un autre repère ;
- ce qu'on y voit ;
- ce qu'on peut y faire, ce qu'on ne doit pas y faire ;
- la présence ou non d'un adulte ;
- la grandeur, l'odeur, l'éclairage, le bruit...

Pour la visite des autres classes, il est intéressant de faire remarquer que notre présence peut déranger. Une réflexion est engagée sur :
- le meilleur moment pour y aller ;
- ce qu'il faut faire pour prévenir (lettre, demande verbale...).

Il est possible aussi d'interviewer les maîtres et maîtresses sur un sujet qui intéresse la classe. Dans ce cas, on prépare des questions.

• • Prolongements

• Des photographies sont prises des différents lieux. Par groupes de quatre élèves, essayer de les replacer dans un espace, feuille grand format, par exemple. Cette activité se fera à la moitié du deuxième trimestre, après une nouvelle visite de l'école ; celle-ci peut être motivée par la visite des parents dans la classe et la présentation de l'école par les enfants.

• Un jeu de dominos est réalisé avec des photographies réduites.

L'emploi du temps

• L'emploi du temps donné ici n'est qu'un exemple. Concernant les créneaux d'APS et de récréation, il tient compte des contraintes de l'école où il a été mis en place.

• Les durées sont données à titre indicatif car elles dépendent de l'attention, de la motivation et des capacités d'écoute des enfants.

• Il essaie de montrer comment alterner des moments collectifs, des ateliers par petits groupes et du temps individuel. Il prend également en compte le besoin de mouvement de l'enfant en juxtaposant des activités calmes et des activités plus physiques.

	Lundi	Mardi	Jeudi	Vendredi
8 h 20	Accueil individualisé - premiers échanges verbaux ou non - inscription cantine - chaussons. BIBLIOTHÈQUE - ATELIER DE PRÉPARATION DE LA COLLATION - ACTIVITÉS LIBRES.			
8 h 45	**Activité physique et sportive :** atelier gymniques.		**Activité physique et sportive :** athlétisme - jeux collectifs.	**Activités corporelles d'expression.**
9 h 20	COLLATION			
9 h 30	**REGROUPEMENT - RITUELS :** Langage (Clémentine) - Lecture (étiquettes-prénoms) - Structuration du temps, initiation à la langue écrite (calendrier, bougie).			
9 h 50	**ATELIERS** organisés pour les quatres jours en mathématique, graphisme et langue.			
10 h 45	Chaussures - Passage aux toilettes - habillage - RÉCRÉATION.			
11 h 05	Lecture du cahier de vie.	Travail autour d'un album.		
11 h 30	CANTINE / MAISON.			
13 h 30	Repos : relaxation dans la classe.			
13 h 50	**Production dans le cahier de vie.**	**Ateliers autour de la langue.**	**Ateliers arts plastiques.**	**Ateliers jeux mathématiques.**
14 h 30	**Ateliers arts plastiques.**	**Musique.**	**Jeux sensoriels.**	**Ateliers Arts plastiques.**
15 h 20	**Découverte du monde.**	**Activité autour du journal.**	**Activité autour du journal.**	**Activité autour du cahier de vie.**
15 h 55	Passage aux toilettes - habillage - RÉCRÉATION.			
16 h 15	Chansons - Comptines - Jeux de doigts - Bilan de la journée.			
16 h 30	SORTIE / DÉPART AU GOÛTER.			

Les projets de classe

Ils sont conçus par période.

Afin de motiver les enfants et de finaliser les apprentissages, l'enseignant met en place des projets d'activités. Ainsi, dès le début d'une période, il explicite le projet à sa classe, précise les objectifs afin de mieux faire adhérer ses élèves. De cette façon, les enfants participent entièrement et s'investissent dans la réalisation du projet collectif dont ils connaissent les finalités.

La majorité des activités feront partie intégrante du projet, dont la durée est d'environ 6 semaines.

Deux exemples de projets sont décrits : **Une visite à l'aquarium** et **Faire connaissance**.

Visite à l'aquarium

COMMUNIQUER PAR ÉCRIT

- Écrire une lettre aux parents pour annoncer la sortie.
- Raconter la sortie à l'aquarium dans le journal de l'école et l'illustrer par des dessins.

LIRE

- Lire un document qui va permettre de guider l'enfant dans son observation lors de la sortie.
- Lire des livres documentaires qui vont permettre de répondre aux questions que l'on se pose.
- Lire des albums autour du thème des poissons.

CRÉER, FABRIQUER

- Inventer une poésie à partir de leur création de poissons.
- À l'aide de matériaux divers fabriquer des poissons.

ÉVOLUER ET MAÎTRISER SON CORPS

- Mimer le déplacement d'un animal.
- Inventer des mouvements afin de représenter des vagues.

COMPARER, CLASSER

- Classer des images ayant un rapport avec le monde de la mer ou non.
- Classer les poissons selon un critère.

COMMUNIQUER ORALEMENT ET CRÉER

- Inventer une histoire qui mettra en scène un animal de la mer.
- Décrire un poisson.
- Exprimer ses représentations par rapport aux poissons.
- Des questions par rapport aux poissons.

COORDONNER DES MOUVEMENTS FINS

- Dessiner des animaux vus à l'aquarium.
- Représenter en modelage des poissons.
- Dessiner des vagues à l'aide d'un gabarit.

EXPÉRIMENTER

- Mettre en place un aquarium dans la classe.
- Établir la liste de ce qu'il faudra prévoir pour la mise en place de l'aquarium.
- Établir la liste de ce qu'il faudra faire pour s'occuper des poissons (nourriture, entretien).
- Observer les poissons de l'aquarium afin de constater et répondre aux questions (locomotion, nutrition).
- Vivre des expériences avec l'eau.

FAIRE CONNAISSANCE
soi - les autres - la classe - l'école

COMMUNIQUER PAR ÉCRIT / LIRE

- Mettre en place des étiquettes et des affiches pour aider à l'organisation de la classe et au fonctionnement (connaître la fonction de l'écrit).
  - Tableau du petit-déjeuner.
  - Les responsabilités.
  - Le calendrier.
  - Les livres lus.
- Se raconter dans le cahier de vie à l'aide de photos et d'illustrations.

MAÎTRISER L'ENVIRONNEMENT TEMPOREL

- Fabriquer un calendrier et comprendre l'utilisation d'un calendrier linéaire afin de repérer les jours.
- Fabriquer un emploi du temps à l'aide des photos prises lors des différentes activités.
- Fabriquer un tableau des âges à l'aide de photos des enfants.

CRÉER

- Décorer la classe en faisant des productions à la peinture pour remplacer les posters installés pour les premiers jours.
- Faire des dessins pour décorer la première page du cahier de vie.

MAÎTRISER L'ENVIRONNEMENT CIVIQUE

- Mettre en place un tableau des responsabilités selon les besoins et agir en fonction de celui-ci.
- Mettre en place ensemble des règles de vie.

COMMUNIQUER ORALEMENT

- Oser prendre la parole dans un groupe pour :
  - se présenter,
  - se raconter,
  - répondre à une question,
  - raconter son travail.

RÉSOUDRE UN PROBLÈME

- Savoir classer les jeux et organiser le rangement.
- Savoir comment attribuer à chaque enfant une zone personnelle (portemanteau, casier, panier…).

MAÎTRISER L'ENVIRONNEMENT SPATIAL

- La classe
  Repérer et nommer chaque coin de la classe, les objets qui s'y trouvent et la fonction.
- L'école
  Visiter et repérer les différents endroits, les adultes de références et leurs fonctions.

Chapitre 2

Apprendre à parler et à construire son langage

La langue orale

Entre 2 et 5 ans, l'enfant développe sa langue orale dans des situations de dialogue, d'écoute de l'autre, de jeux de langue. Il n'apprend pas à construire des phrases, il développe ses capacités d'expression orale dans diverses situations de communication : appeler, demander, répondre, imiter, définir, indiquer, reformuler...

L'enfant ne naît pas avec le langage, mais avec les capacités pour l'acquérir.

Le langage se développe en situation de dialogue et d'interaction enfant–enfant et enfant–adulte, mais aussi adulte–adulte quand l'enfant est seulement auditeur.

• **Le langage est :**

– un instrument de communication ;
– un phénomène social régi par des règles ;
– un outil pour accéder à la connaissance et à l'émergence de la pensée ;
– un support pour la vie affective ;
– un médiateur de l'action.

• L'enfant de moyenne section est un parleur. Il parle avec tout le monde, à n'importe quel moment. Il a beaucoup de choses à raconter, qui souvent n'intéressent que lui.

Il s'exprime sans attendre d'avoir la parole. Il la prend, la monopolise, la garde, répète, fait de nombreux gestes. Il questionne tant sa curiosité est grande. Il a besoin d'être écouté, d'être valorisé. En fait, il existe par la parole.

• **Les situations langagières** devraient donc être extrêmement riches et dynamiques puisque l'enfant de 4 ans établit facilement la communication et a toujours des sujets d'intérêt.

Mais, rapidement, on se rend compte que le vécu langagier de la classe est limité par l'exubérance des uns et la passivité des autres. Car, si tous les enfants naissent égaux devant la langue – à moins d'avoir des troubles pathologiques sérieux –, certains ont eu un environnement riche en paroles et en questions–réponses et d'autres se sont trouvés en situation de quémandeurs, sans avoir de réponse. Ceux-ci se sont enfermés dans un certain mutisme, dans lequel l'institution scolaire va essayer de pénétrer.

Le temps de l'école est alors déterminant pour faire de tous les enfants des êtres de langue et des adultes à l'aise dans leur espace.

• **Le rôle de l'enseignant** est de favoriser l'emploi de l'outil de communication qu'est la langue :
– il ne monopolise pas la parole ;
– il écoute chacun à bon escient ;
– il manifeste un intérêt pour chaque type de parole, en maîtrisant toutefois la durée et le contenu ;
– il sollicite, encourage la prise de parole ;
– il stimule en proposant des situations motivantes ;
– il mobilise autour d'objets de curiosité (albums, élevage, plantation…) ;
– il organise des groupes de parole en centrant, parfois, les enfants *leaders* sur d'autres activités, pour favoriser la participation active d'autres enfants ;
– il suscite les interactions enfant–enfant.

• • Les différents moments de langue à l'école

Le langage collectif se développe autour de différentes activités.

1 – Autour d'un projet

Les projets de classe sont fédérateurs de curiosité et de questionnement, donc de production de langage.

Il s'agira de concevoir des projets avec les enfants, dans lesquels ils s'impliqueront vraiment.

Ceux-ci peuvent être :

– l'installation d'un animal dans la classe ;

– la plantation de graines pour décorer ou offrir ;

– la prise en compte de l'espace classe et la conception de son installation et de sa décoration ;

– l'organisation d'une fête, d'une sortie ; le bilan de celles-ci, etc.

2 – Le temps des chants et comptines, les jeux vocaux

Les enfants s'imprègnent de rythmes, de mélodies et aussi de paroles souvent répétitives. On remarque que certains enfants qui parlent peu – soit par timidité, soit par manque de vocabulaire et de syntaxe – chantent volontiers et récitent avec plaisir les comptines. Cette activité doit être pratiquée quotidiennement et doit faire partie des rituels de la classe. Les enfants acquièrent ainsi une certaine forme de langage et une musique de la langue, qui les conduisent vers la conquête de l'expression orale.

Les jeux vocaux permettent aux enfants d'utiliser tous les potentiels de leur voix sous un aspect ludique qui entraîne même les plus timides.

3 – L'atelier de langage

Il a lieu dans un endroit précis et reste limité dans la durée. Il se déroule en même temps que d'autres ateliers, ne demandant pas une présence indispensable de l'adulte.

Ce peut être un atelier :

– de jeux de société : lotos, dominos, cartes à jouer ;

– de comptines à dire ou à transformer ;

– de jeux de découverte d'un objet, d'une image, d'un événement ;

– d'albums à raconter, à décrire, à comparer ;

– de créations d'histoires à partir d'un album, d'images découpées dans des revues ;

– d'images à décrire, à deviner, à associer…

– de situations d'éveil à la curiosité scientifique, au cours desquelles

l'enfant observe, décrit, s'interroge, essaie de trouver des réponses, pose des questions à l'adulte, cherche des réponses parmi ses camarades, dans des revues, dans des livres documentaires ou en interrogeant l'enseignant. Il commente, doute, essaie de vérifier et conclue ;
– de jeux de syntaxes, avec matériel ou utilisation du corps et des espaces.

4 – Les jeux de rôles

Ces jeux sont spontanément développés chez l'enfant : « *Tu serais le bébé et je serais la maman, tu pleurerais et je te donnerais une fessée* ». Les enfants de 4 à 5 ans s'inventent fréquemment des situations dans lesquelles ils se projettent complètement, jusqu'à se persuader qu'elles sont réelles. Ces jeux de rôles sont à exploiter en les diversifiant, en les relançant.

Proposer d'autres registres : dans ce premier exemple, le registre est familial, il peut être aussi professionnel (la boulangère, le marchand de glace), situationnel (dans la classe, dans la forêt, dans la cour de récréation, à la maison, à la piscine), imaginaire (fée, sorcière, loup), etc.

La classe

• • Première séance

Objectifs : - utiliser un vocabulaire précis ;
- apprendre à partager des espaces communs et à les personnaliser.

Dès la première semaine de classe, chaque enfant a pour consigne de coller une étiquette-prénom sur, au choix :

– un portemanteau ;
– un panier où il rangera ses chaussons et ses objets personnels ;
– un casier pour ranger ses productions ;
– une boîte où il trouvera ses étiquettes-prénoms.

• • Deuxième séance et suivantes

Objectif : investir verbalement l'espace classe avec toutes ses composantes.

• **Dans un premier temps,** les enfants apprennent à connaître les différents endroits de la classe ainsi que les objets ou le matériel qui sont à leur disposition. Cette appropriation de l'espace se fait d'abord avec toute la classe, puis par groupes de six ou huit afin que l'enseignant puisse mieux observer les réactions de chacun.

• **Au cours de l'année,** les enfants cherchent différents endroits pour ranger les nouveaux jeux ou le matériel qui sont introduits progressivement.

Tous ces endroits sont marqués :

– par une image des objets découpée dans des magazines ;

– par une étiquette avec le nom de l'objet.

• **Des séances de langage** sont organisées autour des différents coins afin d'en préciser leurs fonctions, les consignes de jeux, de rangements, d'appropriation.

• En atelier, des jeux de langage sont organisés :

– l'enseignant donne un objet à chaque enfant. Celui-ci dit le nom de l'objet et précise l'endroit où il doit être placé. Si sa réponse est juste, il garde l'objet. Celui qui a le plus d'objets a gagné ;

– à l'inverse, l'enseignant donne une photographie de l'objet à un enfant, celui-ci cherche et rapporte l'objet correspondant, en le nommant et en indiquant où il l'a trouvé ;

– le jeu de l'intrus : parmi une série d'objets appartenant au même coin, glisser un objet d'un autre coin. L'enfant nomme l'objet et cite l'endroit où il devrait être placé.

Les comptines

Les comptines séduisent les enfants par leur rythme, leur musicalité, leurs rimes agréables à l'oreille.

Elles ne sont pas toujours porteuses de sens, mais les enfants mémorisent les mots qui les intéressent, soit par leur musique, soit par leur sens ou par la gestuelle qui les accompagnent.

C'est ainsi qu'elles deviennent non plus un divertissement, mais un creuset d'acquisition de vocabulaire, un travail sur la prononciation, une initiation au rythme, un soutien de l'attention et de l'écoute et, surtout, un déshinibitateur d'expression orale.

Pour l'enfant, c'est le moment où il peut d'une part écouter et, d'autre part, s'extérioriser dans le groupe social que constitue la classe.

Lorsque l'enfant connaît une comptine, il a un contact privilégié avec l'adulte. Celui-ci le sollicite et l'encourage afin qu'il parvienne à vaincre sa timidité et qu'il communique avec le groupe–classe dans cette nouvelle forme d'expression orale.

Le rôle de l'enseignant est de l'encourager, de le valoriser. Il s'entretient individuellement avec l'enfant. Ce moment est chargé d'affectivité et facilite ainsi l'intégration dans le groupe.

• • L'apprentissage d'une comptine : un exemple à renouveler tout au long de l'année

Objectifs :
- développer la mémoire auditive ;
- acquérir du vocabulaire ;
- parvenir à une meilleure articulation ;
- découvrir des structures rythmiques ;
- savoir manier gestuelle et oral ;
- favoriser la socialisation ;
- vaincre l'inhibition.

Matériel :
- une comptine :

Un petit chat gris
Qui mangeait du riz
Sur un tapis gris
Sa maman lui dit
Ce n'est pas joli
De manger du riz
Sur un tapis gris.

- une fiche sur laquelle elle est écrite et illustrée.

• Installation des enfants

Les enfants sont rassemblés dans le coin « regroupement » et assis par terre de façon à ce qu'aucun ne soit gêné par son voisin en accomplissant des gestes amples et, selon le cas, qu'il puisse se lever. L'enseignant est assis en face du groupe afin d'être vu de l'ensemble de la classe. Il doit veiller à son attitude, sa position, car les enfants sont prêts à imiter le moindre de ses gestes.

Il est important que le calme règne dès le début de la séance, afin que les enfants soient en situation d'écoute attentive.

Il faut réserver un moment fixe de la journée pour cette activité, afin que les enfants aient des repères dans la journée. Elle peut se faire à l'arrivée du matin, après le rituel de l'appel, surtout au début de l'année, période où l'enfant à besoin de changer souvent d'activité.

• La première séance

Pour que l'écoute soit bonne, il faut intéresser l'enfant par une comptine courte, gaie et bien rythmée. En début d'année, il faut toujours proposer des comptines dont la structure rythmique est la même pour tout le texte. Celle que nous proposons est une comptine dont la structure rythmique est à 5 temps.

L'enseignant dit la comptine, en articulant clairement et en suivant bien le rythme. Il la dit trois ou quatre fois. C'est par l'écoute répétitive que les enfants perçoivent le rythme. Il insiste bien sur le « i » final.

La structure rythmique est rapidement frappée par l'enseignant. Les enfants sont invités à l'accompagner, en essayant d'imiter au plus près l'adulte. L'enfant doit comprendre qu'il ne peut pas taper selon sa fantaisie, mais en suivant le rythme donné par l'enseignant.

Il s'agit donc de discipliner mentalement et gestuellement.

• La séance suivante

La comptine est reprise comme précédemment.

Les enfants, aidés par les frappés, mémorisent déjà quelques mots. On s'aperçoit que la pratique gestuelle permet de mémoriser rapidement ces petits textes.

Il s'agit alors d'employer d'autres frappés, par exemple un frappé des deux mains, un frappé des mains sur les genoux, un frappé des deux mains sur le ventre, avec une seule main, un frappé d'une main sur une joue… Ainsi, l'intérêt est relancé par une gestuelle nouvelle.

L'enseignant sollicite les enfants pour venir soit individuellement, soit par deux, réciter la comptine à la classe. L'enseignant aide par le geste ou la voix les nouveaux acteurs.

• Les autres séances

D'autres comptines sont écoutées et mémorisées. Les mêmes comptines sont redites tout au long de l'année. Cette répétition provoque chez l'enfant un moment de plaisir intense.

Le texte des comptines est présenté sur la fiche avec les illustrations. Très vite, les enfants reconnaissent une comptine parmi d'autres et peuvent ainsi, au cours de l'année, choisir une comptine à dire.

• • Quelques comptines

Comptine à 6 temps

Turlututu, la tortue
Ma petite tortue
s'appelle Turlututu
Elle est toute menue
et adore la laitue
Elle me regarde le soir
avec ses p'tits yeux noirs
Je lui fais un câlin
Elle s'endort dans ma main.

Comptine à 2 temps

une oie	*1 aile*
deux oies	*2 ailes*
trois oies	*3 ailes*
quatre oies	*4 ailes*
cinq oies	*5 ailes*
six oies	*6 ailes*
c'est toi	*c'est elle.*

Comptine à 3 temps

Qui a vu
dans la rue
tout menu
le petit ver tout nu ?
C'est la grue
qui a vu
dans la rue
tout menu
le petit ver tout nu
Et la grue
a voulu
manger cru
tout menu
le petit ver tout nu.

Comptine à 3 temps

Toc, toc, toc
es-tu là ?
Chut, je dors
Toc, toc, toc
es-tu là ?
oui je sors.

Comptine à 5 temps

Un petit cochon
pendu au plafond
tirez-lui la queue
il pondra des œufs
tirez-lui plus fort
il pondra de l'or.

Comptine à 7 temps

Le petit poussin picore
Sa maman lui dit « encore »
Son papa lui dit « assez »
Gare, gare, le minet
Miaou !
Sauvez-vous !

Comptine à 8 temps

Turlututu, père Lustucru
qui se promène dans la rue
Turlututu chapeau pointu
il se cach' derrièr' le talus
Turlututu, le nez crochu
il n'a même pas de pardessus
Turlututu, il est barbu
Je crois même qu'il est moustachu
Turlututu, père Lustucru
Turlututu, salut !

Comptine à 7 temps

Trois petits lapins
En allant chercher mon pain
Je rencontre trois p'tits lapins
Je les mets dans mon panier
Ils me boivent tout mon lait
Je les mets dans mon placard
Ils me mangent tout mon lard
Je les mets au coin du feu
Ils me pondent trois petits œufs.

Comptine à 3 temps

Il fait soleil
Je m'éveille
Il fait beau
J'ai trop chaud
Il fait nuit
Je m'ennuie
Il fait lune
Je m'enrhume.

Comptine à 8 temps

Un p'tit bonhomme s'en va au bois
chercher des pommes et puis des noix
des champignons et des marrons
et puis ils rentrent à la maison.

Comptine à 4 temps

Un éléphant
qui mang' du flanc
sur un p'tit banc
dit à l'agent
peins-moi en blanc.

• • Prolongement : création d'une comptine

• • À partir d'un album

Matériel : L'album *L'Histoire du bonbon*, d'Anaïs Vaugelade, L'École des loisirs, 1997.

La classe a travaillé sur les arbres et a planté :
– un marron, pour essayer de faire pousser un marronnier ;
– une châtaigne ;
– des pépins de pomme, de citron, de poire.

L'enseignant a lu l'album cité aux enfants. C'est donc spontanément que, à la fin de la lecture de l'histoire, certains enfants ont l'idée de dire : « Si je plante un bonbon, j'aurai un bonbonnier ».

La classe imagine des choses bizarres qui pourraient être plantées : une voiture, un pokémon, du parfum...

Les enfants cherchent alors dans des magazines les images des objets qu'ils aimeraient faire pousser pour devenir un arbre à... Chacun dessine un arbre puis colle à la place des feuilles : des voitures, des boutons, des bouteilles de parfum...

Chacun vient présenter son arbre à la classe et emploie la phrase de l'album : « Si je plante un bonbon, ... »

L'enseignant note toutes les phrases des enfants. Ce qui donne le texte suivant, que les enfants réciteront après se l'être approprié :

Si je plante

Si je plante une voiture,
j'aurai un voiturier.
Si je plante une poupée,
j'aurai un poupeier.
Si je plante un camion
j'aurai un camionier.
Si je plante un habit,
j'aurai un habiyer.
Si je plante un feutre,
j'aurai un feutrier.
Si je plante une sucette,
j'aurai un sucettier.
Si je plante un vélo,
j'aurai un veloyer.
Si je plante un bonbon,
j'aurai un bobonnier.
Si je plante un pokemon,
j'aurai un pokemonier.

Si je plante une fleur,
j'aurai un fleurier.
Si je plante un poisson,
j'aurai un poissonnier.
Si je plante un appareil photo,
j'aurai un photoyer.
Si je plante un parfum,
j'aurai un parfumier.
Si je plante du papier d'alu,
j'aurai un aluyer.
Et si je plante des lettres,
j'aurai un... alphabet !

• À partir de différentes structures

« Comment vas-tu Romain ?
– J'ai mal aux reins.
– Comment vas-tu Nicolas ?
– J'ai mal au bras... »

« Nicolas a vu un rat
Hélène a vu une baleine
Laure a vu un porc... »

« J'ai vu un lapin qui faisait du pain
J'ai vu une hirondelle qui faisait de la dentelle... »

• À partir de comptines ou de poésies

Voici quelques comptines qui favoriseront la production :

– des comptines à partir des prénoms.

• Le prénom rime avec une partie du corps : *Comment vas-tu ?* (1).

• Le prénom est associé à une action : *Chanson des prénoms*, de René de Obaldia (2).

• Le prénom rime avec un déguisement : *À Mardi-Gras* (3).

– des comptines à partir de bruits d'animaux.

• *Le Petit Lapin roux* (4).

• *Rêve* (5).

– des comptines avec des matériaux : *Ma Culotte*, de Luc Bérimont (6).

– des comptines descriptives de plus en plus précises.

• *Au verger* (7).

• *Dans Paris*, de Paul Éluard, (8).

(1) Comment vas-tu ?
Comment vas-tu Mireille ?
J'ai mal aux oreilles.
Comment vas-tu Gaston ?
J'ai mal au menton.
Comment vas-tu Hervé ?
J'ai mal aux pieds.
Comment vas-tu Martin ?
J'ai mal aux mains.
Comment vas-tu Juliette ?
J'ai mal à la tête.
Comment vas-tu Bernard ?
ça va ! ça va ! Je n'ai mal nulle part...

(2) Chanson des prénoms (René de Obaldia)
Charlotte fait de la compote
Bertrand suce des harengs
Cunégonde se teint en blonde
Épaminondas cire ses godasses
Thérèse souffle sur la braise
Léon peint des potirons
Brigitte s'agite, s'agite
Adhémar dit qu'il en a marre
La pendule fabrique des virgules
et moi dans tout cha ?
et moi dans tout cha ?
Moi ze ne bouze pas
Sur ma langue, z'ai un chat.

(3) À Mardi-Gras
À mardi gras
J'ai vu un roi
C'était Benoît
J'ai vu Zorro
C'était Bruno
J'ai vu Astérix
C'était Félix
J'ai vu une reine
C'était Hélène
J'ai vu une fée
C'était Salomé

(4) Le Petit Lapin roux
Cot, cot fait la poule
Hou, hou fait le hibou
Sss, sss fait le serpent
Bê, bê fait le mouton blanc
Et le petit lapin roux
ne fait rien du tout.

(5) Rêve
J'ai vu un chien qui faisait du patin
J'ai vu un poisson qui jouait au ballon
J'ai vu une coccinelle monter sur une échelle
J'ai vu un chat qui buvait du chocolat
J'ai vu un oiseau qui jouait du pipo
J'ai vu une poule qui jouait aux boules
Dring ! Dring ! Le réveil sonne
Zut ! Il n'y a plus personne !

(6) Ma Culotte (Luc Bérimont)
Ma culotte en ficelle
C'est pour monter à l'échelle
Ma culotte de cerise
C'est pour monter à l'église
Ma culotte de laine
Je l'aurai pour mes étrennes
à continuer
en plastique
en papier
en carton
en laine
en coton
en dentelle
en fer...

(7) Au verger

Dans un verger
un pommier.
Dans le pommier
une pomme.
Et dans la pomme
un trou.
Et dans le trou
un ver.
Sur un morceau
de bois sec
deux oiseaux
avec un bec.
Qui des deux
aura le ver ?
Le ver tout vert,
le ver qui bouge,
je l'ai offert
au poisson rouge.
Et depuis dans le verger
dès que je montre le nez
l'oiseau bleu et l'oiseau vert
me regardent de travers.

(8) Dans Paris (Paul Éluard)

Dans Paris, il y a une rue
Dans cette rue, il y a une maison
Dans cette maison, il y a un escalier
Dans cet escalier, il y a une chambre
Dans cette chambre, il y a une table
Sur cette table, il y a un tapis
Sur ce tapis, il y a une cage
Dans cette cage, il y a un nid
Dans ce nid, il y a un œuf
Dans cet œuf, il y a un oiseau
L'oiseau renversera l'œuf
l'œuf renversera le nid
le nid renversera la cage
la cage renversera le tapis
le tapis renversera la table
la table renversera la chambre
la chambre renversera l'escalier
l'escalier renversera la maison
la maison renversera la rue
la rue renversera la ville de Paris.

Les images

Le contact de l'enfant avec les images – images fixes ou images animées– est très important. Elles sont incitatrices de plaisir, de curiosité, de questionnements, de réflexions. L'école se doit donc de les utiliser comme soutien à de nombreuses activités, dont le langage.

Objectifs :

- faire parler l'enfant sur un sujet précis (objet, événement...) ;
- faire rechercher et oraliser des indices ;
- élargir son champ de connaissance pour enrichir son vocabulaire.

Les différents supports d'images :

- des photographies prises avec les enfants, dans ou hors la classe ;
- des photographies sur un sujet précis ;

- des revues et journaux ;
- des emballages ;
- des cartes postales ;
- des timbres-poste
(ces deux derniers supports sont très intéressants, surtout si, dès le début d'année, on demande aux parents d'en apporter ; on dispose ainsi d'images très variées que les enfants décrivent, classent selon une ou plusieurs pertinences, introduisent dans leurs productions plastiques, etc.) ;
- des affiches ;
- des tracts publicitaires ;
- des images d'albums ;
- des reproductions d'œuvres d'art.

L'organisation : Certaines séances se font avec le groupe-classe, au moins pour lancer le sujet.

D'autres se font par petits groupes de deux à huit enfants, selon le niveau de langue de chacun. Elles durent de 10 à 20 minutes, selon l'intérêt des enfants.

Des boîtes contenant des images sont à la disposition permanente des enfants pour qu'ils puissent les regarder et les utiliser, afin de poser individuellement des questions à l'enseignant ou lui faire part de leurs remarques.

• • Première activité – L'image à deviner

Objectifs : – produire du langage descriptif ;
– employer la forme interrogative ;
– imaginer.

Matériel : une grande image avec des éléments évocateurs et des sujets et objets à décrire.

Organisation : en groupe-classe ou en ateliers.

Les enfants sont divisés en deux équipes. La première équipe choisit une image, sans la montrer à l'autre équipe. Le but du jeu est que l'autre équipe essaie de deviner ce que raconte l'image.

Le rapporteur de la première équipe commence à dire trois ou quatre éléments principaux. « Sur cette image, il y a une petite fille (une maison, un chien) ». Ensuite, les enfants ne répondront que par « oui » ou par « non ».

Les enfants de l'autre équipe pose des questions : « La petite fille a-t-elle un manteau ? », « Le chien est-il gros ? », « Est-il noir ? », « La maison a-t-elle une cheminée ? », etc. La deuxième équipe pose ses questions pour arriver à préciser l'image mentale projetée à partir des premières réponses.

Après quelques échanges, l'image est montrée aux enfants de la deuxième équipe. Ils mesurent alors la différence entre ce qu'ils ont pu imaginer à l'aide du discours et la réalité de l'image.

• • Deuxième activité – Jeu de paires

Objectifs : – apprendre à décrire une image avec précision ;
– rapprocher deux images semblables.

Matériel : des images représentant de garçons et des filles faisant différentes actions ou habillés de manières différentes. Elles ont été dessinées par l'enseignant.

Organisation : en groupe-classe, puis en ateliers.

• **Première séance :** présentation des images. Chaque enfant a une image dans la main et la décrit pour les autres, en donnant le plus de détails possibles.

• **Deuxième séance :** chaque enfant a une image. L'enseignant a, dans un sac, le double des images. Il en pioche une, la décrit sans la montrer. L'enfant qui a la même se manifeste. Cet enfant devient le meneur de jeu et joue le rôle de l'enseignant. On fait de même, ensuite, avec les autres joueurs.

• **Troisième séance (en ateliers) :** les enfants sont par deux et séparés par un petit paravent. Ils ont chacun 10 mêmes images. Un enfant décrit une image et demande l'image jumelle à l'autre enfant pour faire ainsi une paire, puis les rôles sont inversés…

• • Troisième activité – L'image puzzle

Objectifs : – chercher des indices ;
– établir des relations.

Matériel : – une image ;
– un cache image fabriqué par l'enseignant : il est prédécoupé dans du papier, en gardant des points d'attache. Il doit rendre l'image invisible. Le nombre de morceaux

dépend de la maturité des enfants. Avant de procéder au découpage, l'enseignant s'interroge sur les indices qu'il veut faire apparaître progressivement.

Organisation : en groupe-classe.

L'image est entièrement cachée. L'enseignant ou le meneur de jeu enlève peu à peu chaque morceau. Les enfants essaient de lire des indices leur permettant de trouver le contenu final. Progressivement, ils se rapprochent du véritable sujet.

Cette démarche est intéressante car elle permet différentes interprétations qui entraînent des discussions passionnées.

• • Quatrième activité - Le jeu de contes

Objectifs : - mettre un conte en images ;
- raconter un conte ;
- imaginer un conte.

Matériel : *L'Atelier des contes*, des Éditions Nathan, ou tout autre jeu confectionné par l'enseignant.

L'Atelier des contes se compose de 55 cartes illustrées par les personnages, les sites et les objets de 9 contes traditionnels : *Le Petit Chaperon rouge, Boucle d'Or et les trois ours, La Petite Poule rousse, Blanche-Neige, Cendrillon, Le Petit Poucet, Les Aventures de la petite souris, Les Trois Petits Cochons, La Belle au Bois dormant.*

Organisation : en groupe-classe et en ateliers.

• Présentation

L'enseignant présente les cartes au groupe–classe. Les enfants les découvrent. Elles représentent soit des personnages, soit des objets, soit des lieux de contes traditionnels. Les enfants les décrivent sommairement en citant le titre du conte.

Puis l'enseignant donne une carte à chaque enfant. Chacun la décrit plus précisément et cite le titre du conte.
Les cartes sont échangées et circulent entre les enfants. Chacun fait des commentaires.

• Exploitations

– Un groupe d'enfants reconstitue un conte et le raconte à l'ensemble de la classe.

– Les enfants sont par deux et ont deux cartes de personnages, deux cartes de lieux, deux cartes d'objets. Ils inventent un conte.
– En ateliers de 5 enfants, ils choisissent des cartes pour inventer un conte.
– Toujours en ateliers, ils tirent au hasard un nombre de cartes déterminé et doivent inventer un conte.

Les jeux de rôles

Objectifs : – développer des conduites culturelles et verbales d'explication, de justification, de causalité ;
– mettre en place des dialogues ;
– adapter son registre de langue selon les situations ;
– savoir assumer des rôles diversifiés.

Matériel : il est indiqué pour chaque exploitation.

Les exploitations proposées sont indépendantes les unes des autres et ne sont pas hiérarchisées dans le temps.

• • Exploitation 1 : les coins « jeux »

Matériel : celui qui se trouve dans ces coins « jeux » et divers éléments inducteurs de certains personnages ou métiers.

Les enfants jouent ici spontanément des rôles particuliers. L'enseignant doit varier les objets afin que les enfants puissent jouer à la maman, au papa, à l'épicière, au docteur, à la coiffeuse, à la maîtresse d'école, au garagiste, au bricoleur, au facteur, voire au jardinier.

Ces coins sont modulables et varient tout au long de l'année.

Le rôle de l'enseignant est d'être à l'écoute des enfants, de noter quelques dialogues, de les rapporter au groupe–classe en proposant aux acteurs de rejouer les rôles qu'ils se sont donnés. L'enseignant les aide dans leur démarche et n'insiste pas s'ils ne veulent pas jouer. Cependant, certains enfants ayant pris l'habitude de rejouer leurs rôles donnent rapidement aux autres l'envie de se donner en représentation.

Ces moments de regroupement théâtral sont riches en production personnelle, car non seulement les enfants produisent des dialogues mais ils jouent aussi avec leur corps par des regards, des mimiques, des intonations. Ils prennent également l'habitude de se munir d'accessoires.

• • Exploitation 2 : les téléphones

Matériel : au moins deux vrais téléphones.

Ce matériel intéresse les enfants dès leur plus jeune âge. Dès qu'un enfant sait marcher, et si un appareil est à sa portée, il s'en empare pour dire « Allô maman ... allô papa ... allô mamie... ».

Même l'enfant le plus timide s'empare de l'objet pour parler à un interlocuteur imaginaire.

En classe, cette utilisation se fait spontanément, sans que l'enseignant sollicite les enfants.

Parfois, quand un enfant en voit un autre s'emparer d'un téléphone, il fait de même et un dialogue s'instaure.
Mais souvent, un enfant est seul avec son téléphone.

L'enseignant, selon le rôle que se donne à ce moment l'enfant, peut participer à la conversation en s'emparant d'un autre téléphone. Il enrichit ainsi l'échange en discourant avec l'enfant sur un sujet qui l'intéresse : ce peut être une conversation autour de la naissance d'une petite sœur, de la venue d'une mamie, de la nouvelle voiture de papa ou des vacances passées ou futures...

• • Exploitation 3 : les images de lieux connus des enfants

Matériel :
- des photographies des enfants de la classe ;
- des photographies représentant la classe, la cour de récréation, la piscine, la cantine, la salle d'éducation physique, le préau ;
- des images de bord de mer, de montagne, de campagne, de bois ;
- des images de personnages divers.

Les enfants, par deux ou seuls, imaginent des situations se passant dans ces lieux et racontent ou dialoguent. Pour cela, ils tirent au hasard ou choisissent des photographies ou des images, inventent une situation et la rapportent à l'ensemble de la classe : « Il était une fois... », tel personnage ou enfant de la classe dans un lieu...

• • Exploitation 4 : le jeu de contes

Matériel : des cartes d'un jeu de contes traditionnels à fabriquer par l'enseignant ou acheté dans le commerce (*L'Atelier des contes*, Éditions Nathan).

Les 55 cartes de *L'Atelier des contes* représentent les lieux, les personnages et des objets de neuf contes traditionnels : *Le Petit Chaperon rouge, La Belle au bois dormant, Blanche-Neige, Le Petit Poucet, Boucle d'or, Les Trois Petits Cochons, Cendrillon, Les Aventures de la petite souris, La Petite Poule rousse.*

Les enfants connaissent les cartes présentées par l'enseignant pour illustrer certains contes. Ils les ont manipulées, triées, rangées, échangées…

Deux enfants volontaires choisissent chacun la carte d'un personnage et inventent une histoire. Au cours de l'année, ils choisissent ensuite, en complément, des cartes de lieux et d'objets.

En fin d'année, la plupart des enfants sont capables de tirer au hasard un personnage, un ou plusieurs lieux, un ou plusieurs objets et d'inventer un dialogue.

• • Exploitation 5 : les déguisements

Matériel :
- divers vêtements de toutes tailles ;
- des chapeaux, chaussures, bonnets, casquettes, sacs à main, gants, colliers bracelets... ;
- un miroir mural.

Les vêtements et accessoires peuvent être fournis par les parents. Ils sont placés dans une ou plusieurs caisses en carton et mises librement à la disposition des enfants.

Les enfants jouent tous, spontanément, un rôle, souvent individuellement, mais des échanges se produisent parfois. Le rôle de l'enseignant est de favoriser ces échanges verbaux, dans lesquels chacun joue le rôle correspondant à sa tenue vestimentaire. Certains enfants utilisent le miroir pour se regarder, mais ils utilisent aussi leur image comme interlocuteur.

Chapitre 3

S'initier au monde de l'écrit

La langue écrite

Comme on l'a vu précédemment, l'oral est prioritaire chez l'enfant de 4-5 ans dans le domaine des apprentissages langagiers. C'est parce qu'il a des bases solides de compréhension et d'utilisation de l'oral qu'il pourra construire son apprentissage de la lecture-écriture.

Les différents objectifs de l'école sont conçus pour favoriser cette entrée dans le monde culturel de l'écrit. Ce nouveau mode de communication paraît bien abstrait au jeune enfant, puisqu'il n'en possède pas les codes nécessaires.

Son entrée dans le monde de la communication et de l'oralité s'est faite lentement, au cours de ses toutes premières années, avec une imprégnation très physique et sensorielle :

– c'est avec l'ouie qu'il s'est approprié sa langue ;
– c'est avec la voix qu'il a appris à jouer avec les sons ;
– c'est avec la vue qu'il a remarqué les sourires d'acquiescement, les regards interrogateurs, réprobateurs ;
– c'est avec le toucher qu'il a appris à reconnaître certains objets ;
– les odeurs et les saveurs ont été si parlantes pour lui ;
– c'est avec ses talents de scripteur qu'il a commencé à communiquer par écrit, d'abord avec des tracés ayant une signification pour le producteur mais pas pour le récepteur (gribouillage, graffitis), puis avec des dessins de plus en plus significatifs.

Cette entrée dans le monde de l'écrit projette un bon nombre d'enfants sur une planète inconnue, sur laquelle ils ne sont pas encore admis (on apprend à lire à la grande école). En effet, s'il est courant de penser que seuls les enfants de milieu défavorisé ont des difficultés dans les apprentissages, il faut pourtant ajouter tous les enfants dont les parents ne peuvent pas prendre ou ne prennent pas le temps de mettre l'enfant en situation de futur lecteur.

La rencontre précoce de l'écrit facilite le futur apprentissage à l'école élémentaire et constitue un moyen puissant de prévention de l'échec scolaire. Car bien des enfants subissent cet échec par, à la fois, une grande pauvreté de leur langue orale, et aussi un désintérêt total de l'écrit.

La première motivation pour faire surgir le plaisir de la lecture et de l'écriture est que l'enfant ait des raisons de lire et de produire de l'écrit. Les enfants qui ne sont pas en contact, dans leur environnement, avec des lecteurs, doivent trouver et découvrir à **l'école le plaisir de lire avant d'en découvrir l'obligation.**

• • Les objectifs à mettre en place en moyenne section

• Éprouver le plaisir de lire

L'enseignant organise son coin « bibliothèque » tout au long de l'année scolaire, afin que tous les enfants prennent du plaisir à s'y rendre :

– mettre peu d'albums en début d'année, les lire tous avec les enfants en groupe–classe ; repérer les enfants les moins actifs en bibliothèque ; organiser de petits groupes pour faire vivre l'album et donner du plaisir à l'enfant qui, spontanément, ira le rechercher ;

– ajouter des livres documentaires, des revues concernant les sujets traités en classe : par exemple, si la classe s'est intéressée aux sorcières ou a observé les coccinelles, ajouter des livres documentaires et des albums ;

– écrire toutes les annonces de festivités sur des affiches à présenter le plus fréquemment possible au groupe–classe.

• Avoir des besoins de lire

– Chercher des albums, des livres documentaires, des revues sur un sujet pour :

– répondre à notre questionnement,
– vérifier nos hypothèses,
– trouver d'autres aventures pour un même personnage,
– copier un mot inconnu.

– Lire, avec l'enseignant, son prénom, le tableau des enfants présents, le cahier de vie, les étiquettes des coins « jeux »…

• Construire des repères spatiotemporels

– Classer des livres selon un critère.

– Retrouver une image, un texte…

• Commencer à comprendre le fonctionnement de l'écrit

– Repérer des signes dans l'écrit : mots, lettres, ponctuations, mise en forme, sens de l'écriture.

– Comprendre la permanence de l'écrit.

– Savoir distinguer différents écrits : recette de cuisine, poésie, correspondance, récit, faire-part.

• Commencer à développer un comportement de producteur d'écrits

– Produire des textes en faisant une dictée à l'adulte.

– Commencer à maîtriser le geste graphique, le traitement de texte sur l'ordinateur.

– Commencer à copier certains mots.

– Donner du sens aux situations d'écriture : ce que j'écris, pourquoi je l'écris, à qui je l'écris.

• • Les différents supports d'écrits

• Les écrits produits par la classe : cahier de vie, livret de comptines, de chants, de sciences.

• La bibliothèque de classe et ses albums.

• Les revues, journaux, magazines utilisés par la classe.

- Les correspondances avec les parents et d'autres instances.
- Des affiches.
- Les écrits affichés dans l'école.
- Des écrits de la rue.

• • Les différents types d'écrits produits par l'enfant avec dictée à l'adulte

- L'écrit narratif, quand on raconte une histoire.
- L'écrit descriptif, quand on décrit une image ou un paysage.
- L'écrit injonctif, quand on note, par exemple, un mode d'emploi.
- L'écrit argumentatif, quand on demande quelque chose qu'on n'est pas sûr d'avoir et qu'on explique pourquoi il est indispensable.
- L'écrit explicatif, quand on donne des renseignements pour que les autres comprennent.
- L'écrit rhétorique, qui est celui des chansons et des poésies.

Les albums

Objectif : développer un comportement de lecteur.
Les objectifs spécifiques sont indiqués pour chaque séance.

Matériel :
- *La Rentrée de la petite sorcière*, coll. « Belles histoires », Bayard jeunesse, 2000.
- *La Grande Fête de la sorcière Camomille*, Éd. du Sorbier, 1998.
- *Le Mariage de la sorcière Camomille*, Éd. du Sorbier, 1989.
- *La Naissance de la sorcière Camomille*, Éd. du Sorbier, 1998.
- *La Sorcière Camomille et Mona la guenon*, Éd. du Sorbier, 1998.
- *Les Vacances de la sorcière Camomille*, Éd. du Sorbier, 1998.
- *Victor et la sorcière*, Olga Lecaye, École des loisirs, 1990.
- *À six heures du matin*, Éd. Milan, 1998.
- *Ah les bonnes soupes*, Claude Boujon, École des loisirs, 1994.

Un matériel spécifique est indiqué pour chaque séance.

Préalables : Il est important de choisir à l'avance les différents albums sur lesquels on va travailler. Les récits, bien que diversifiés, vont être comparés, rapprochés, différenciés. Ces pratiques comparatives développeront un comportement de lecteur chez l'enfant. Les enfants se créent ainsi des réseaux de références qui leur faciliteront l'entrée dans de nouvelles histoires.

Ce travail permet aux enfants de progresser dans leur repérage et dans leurs représentations.

• Différents moyens de faire découvrir une histoire

On peut lire l'histoire aux enfants :

– en montrant les images en même temps ou non ;

– du début jusqu'à la fin ou non, s'arrêter un moment et leur faire deviner la suite, s'arrêter à chaque page et leur faire émettre des hypothèses sur la suite ;

– sous forme de lecture puzzle : les pages photocopiées doivent être remises en ordre.

On peut ne pas lire et faire une lecture d'images pour laisser les enfants retrouver l'histoire.

• Mise en mémoire des lectures

Chaque album aura :

– une photocopie de sa couverture rangée dans le classeur des lectures ;

– une fiche résumé de l'histoire ;

– une photocopie de sa couverture affichée dans le coin « bibliothèque » pour le rangement ;

– une photocopie de la silhouette du personnage principal ;

– une production pour le cahier de vie.

I. Exploitation d'un album de sorcières

• • Première séance

Objectifs :
- émettre des hypothèses d'après la couverture ;
- vérifier les hypothèses ;
- se construire une représentation d'un personnage.

Matériel : l'album *La Rentrée de la petite sorcière*.

Organisation : en groupe-classe.

• Présenter la couverture de l'album aux enfants et les laisser réagir : travail sur la typologie du personnage de la sorcière.

• Émission d'hypothèses sur l'histoire d'après la couverture.

• Écoute de l'histoire : l'enseignant lit l'histoire en montrant les illustrations aux enfants.

• • Deuxième séance

Objectifs :

- se souvenir pour restituer le titre, le nom du personnage principal, l'histoire ;
- mettre en mémoire en réalisant une fiche de lecture ;
- reconnaître l'organisation d'une couverture d'album : identifier les différents éléments.

Matériel :

- photocopies du titre du livre ;
- photocopies de la couverture du livre ;
- photocopies de l'illustration ;
- photocopies du nom de l'auteur ;
- photocopies du nom de l'éditeur ;
- l'album *La Rentrée de la petite sorcière.*

Cette séance sert à établir une fiche.lecture que l'on rangera dans « le classeur de nos lectures » et à produire un écrit qui sera collé dans chaque cahier de vie.

• 1re phase : présentation de la couverture

Analyse de la couverture et de ses différents éléments :

– titre ;

– illustration ;

– auteur ;

– éditeur.

L'enseignant en explique la fonction.

• 2e phase : rappel de l'histoire

Ce rappel est fait par les enfants, sans album, puis avec l'aide des illustrations de l'album pour réaliser la fiche de lecture.

L'enseignant incite tous les enfants à parler, à s'écouter, à rectifier.

L'enseignant prend des notes. Il aide à la structuration du récit en posant des questions :

– « *C'est l'histoire de qui ?* » ; – « *Que lui arrive-t-elle ?* ».

• 3e phrase : production pour le cahier de vie

Reconstitution de la couverture du livre par collage des différents éléments photocopiés. Ce travail sera effectué pour tous les albums lus ; il est donc important d'en varier la réalisation. Une progression est mise en place afin qu'ils découvrent, un à un, les éléments de la couverture.

– Par exemple : pour la première reconstitution, il ne manquera que le titre, puis l'illustration, puis l'auteur, puis l'éditeur.

Ensuite, le titre est découpé en mots, un titre court peut être découpé en lettres.

– Autre exemple : faire des couvertures puzzle. Retrouver des illustrations, des titres parmi d'autres...

II. Exploitation d'autres albums de sorcières

Objectifs :
- savoir trier les albums selon un personnage ;
- comprendre un concept : la série ;
- comparer les albums ;
- associer un titre et une illustration pour reconstituer une couverture.

Matériel : BCD.

Organisation : en groupe-classe.

• • Première séance

Retrouver dans la bibliothèque des albums de sorcières.

L'enseignant invite les enfants à argumenter leurs choix.

Regarder tous les albums trouvés et laisser réagir les enfants pour qu'ils constatent que la même sorcière se retrouve dans divers albums : la sorcière Camomille.

Comparaison des différents albums pour que les enfants s'aperçoivent que ces livres sont de même format, du même auteur, du même éditeur et avec le même personnage.

Les enfants sont invités à dire s'ils connaissent d'autres séries et à les rechercher dans une prochaine séance à la bibliothèque.

Tous les livres de sorcières trouvés sont mis à disposition dans la classe.

• • Deuxième séance

Rangement de la bibliothèque de la classe : les sorcières ont fait la fête et elles ont tout mélangé. Il faut trier et ranger les livres.

• • Troisième séance

Les enfants vont prélever des indices dans les illustrations et dans les titres que l'enseignant leur a donnés sous forme de photocopies pour essayer d'associer titre et illustration.

Un seul exemplaire de chaque titre et de chaque illustration favorise les interactions entre enfants.

L'enseignant incite les enfants à vérifier leurs hypothèses en se référant au classeur de lecture et aux albums.

• • Quatrième séance

Objectifs : - transformer des couvertures d'albums ;
- compléter des couvertures d'album.

Matériel : photocopies agrandies des couvertures de livre sur lequelles l'enseignant a supprimé une partie du titre (le mot « sorcière ») et une partie de l'illustration (la sorcière).

Organisation : en ateliers.

La marionnette sorcière de la classe, surnommée Serpaja, est en colère car aucun album ne parle d'elle.

C'est elle qui a fait des trous dans les photocopies.

Les enfants sont invités à la dessiner et à écrire son nom.

• • Prolongement

Les enfants inventent d'autres histoires de sorcières.

Une histoire : *Roule galette*

Objectif : produire de l'écrit.

Matériel : l'album *Roule galette* ;

- des photocopies ;
- des étiquettes-prénoms ;
- la boîte à silhouettes, des photocopies des personnages d'albums lus en classe.

Organisation : en groupe-classe.

• • Première séance

Les enfants connaissent bien l'histoire de *Roule galette* et aime à ce que l'enseignant leur raconte.

L'enseignant présente des photocopies des pages du livre ou propose des dessins et textes, réalisés par lui-même, de l'histoire. Mais il crée une surprise car, au moment où la galette roule sur le chemin et qu'elle devrait rencontrer le lapin, la page comporte un blanc dans l'image et dans le texte : l'image du lapin a disparu, ainsi que le mot.

L'enseignant pose la question suivante : « *Puisque le lapin a disparu, qui pourrait-elle rencontrer ?* ».

Les enfants ayant parlé de la galette au cours d'une récente sortie en forêt, ils réinvestissent leur vécu pour proposer de rencontrer eux-mêmes la galette.

L'enseignant leur demande : « *Que faut-il faire pour que vous soyez dans l'histoire ?* ».

Un enfant répond : « *On se dessine et on se colle dans le trou de la page, on écrit son prénom et on le colle dans l'autre trou.* »

Ils se dessinent sur un papier de format 2x5 cm et collent leur dessin dans l'image. Puis ils collent leurs étiquettes-prénoms sur les pages où le texte est troué. Ceux qui le peuvent écrivent leur prénom dans le trou.

• • Deuxième séance

Relecture du livre produit par chaque enfant. Mais à la dernière page, il manque aussi le renard. Qui va manger la galette ? Les enfants décident que c'est le maître. Il produit alors un dessin et écrit son prénom dans chacun des livres.

• • Prolongement

L'enseignant suggère que la galette pourrait rencontrer les personnages d'autres albums connus de la classe. Chaque enfant choisit une silhouette dans la boîte et la photocopie en deux exemplaires pour combler les espaces blancs des pages de l'histoire.

Le texte reste à compléter. L'enseignant suggère de chercher, dans la bibliothèque, l'album concerné par la silhouette, de trouver le nom du personnage et de le copier sur une étiquette.

Voici quelques choix :

– Spot dans *La première promenade de Spot* de Éric Hill, Éd. Nathan, 1982.

– Calinours dans *Calinours va faire les courses* de A. Brown et F. Sther, Éd. École des loisirs, 2001

– Marcel dans *Marcel le champion* de A. Brown, Éd. Kaléidoscope, 1992.

– Boucle d'or dans *Boucle d'or et les 3 ours*, Album du Père Castor, Éd. Flammarion, 1999.

– *Coin-coin* de F. Stehr, Éd. École des loisirs, 1985.

Les livres

Objectifs :
- comparer différents types de livres ;
- rechercher les signes de leur authentification ;
- découvrir leurs caractéristiques et leurs spécificités.

Matériel : 15 livres, un pour deux enfants :
- un imagier ;
- un dictionnaire pour enfants ;
- un album pour enfants ;
- un livre de comptines ou de poésies ;
- un atlas ;
- un livre documentaire ;
- un recueil de contes traditionnels ;
- une bande dessinée ;
- un livre de bricolage ;
- un livre de jardinage ;
- un livre de cuisine ;
- un livre de broderie ou de tricot ;
- un livre d'art ;

- un livre de poche ;
- un livre écrit en chinois, en arabe, ou en japonais...

Préalables

Les enfants sont mis en contact avec les livres à l'école, à la bibliothèque et dans leur famille. Ce sont des albums, c'est-à-dire des livres avec des images, avec ou sans texte, qui racontent des histoires. Les enfants ont pu aussi observer voir des adultes lire d'autres livres, mais sans se questionner sur leur contenu.

Il est intéressant d'élargir cette connaissance, en éveillant leur curiosité et en leur permettant de se créer un autre rapport aux livres.

Les investigations, faites sur les différents types de livres, sont partiellement opérées et restent très intuitives.

• • Première séance

Après une présentation collective à la classe de tous les ouvrages, les livres sont posés sur une table et les enfants, par deux, prennent un livre. La consigne est donnée de bien le regarder puis d'échanger les livres entre eux.

Le rôle de l'enseignant est de noter leurs réflexions par rapport à tel ou tel ouvrage.

• • Deuxième séance

Elle se déroule en groupe–classe. Les livres sont rangés dans un carton dans lequel deux enfants choisissent un ouvrage, sans que les autres puissent le voir. Ils l'observent puis le remettent dans le carton. Les deux enfants le décrivent.

Puis tous les livres sont étalés devant la classe ; les autres enfants devinent de quel livre il s'agit et lèvent la main. L'enseignant en désigne un, qui prend le livre et vérifie son choix auprès des deux enfants.

• • Troisième séance

Elle se passe en groupe–classe. Les livres ne sont pas visibles.

L'enseignant demande aux enfants s'ils se souviennent des livres présentés, de celui qu'ils ont préféré et pourquoi. Chacun s'exprime, même brièvement.

Les enfants sont ensuite divisés en groupes de huit. Les livres sont alors mis à leur disposition afin que chaque groupe choisisse un livre pour se concerter et le présenter à l'ensemble de la classe.

La présentation est ensuite faite devant le groupe–classe. Les enfants donnent la raison de leur choix et des précisions sur le contenu, les personnages, les images…

• • Quatrième séance

L'enseignant a demandé aux enfants d'apporter chacun un livre qui leur a plu, soit de la maison, soit de la bibliothèque municipale. Pour les enfants qui n'auraient pu le faire, l'enseignant les conduit à la bibliothèque de l'école élémentaire, ou à celle de l'école maternelle si celle-ci contient aussi des livres autres que les albums.

Chaque matin, au fur et à mesure de l'arrivée des enfants, chacun présente son livre.

• • Cinquième séance et suivantes

En ateliers, chaque groupe reçoit à tour de rôle tous les livres et doit les classer. L'enseignant note le classement de chaque groupe. Une mise en commun est faite après le travail de tous les groupes.

• • Prolongements

On peut faire réaliser leur propre livre par les enfants.

Ce peut être le livre des poésies, celui des chansons, des recettes de cuisine, d'une histoire qu'ils ont inventée, des photographies prises dans la classe avec les commentaires des enfants écrits par l'adulte, etc.

Les discussions qui précèdent la fabrication portent sur :

– le choix du type de couverture ;
– la typographie ;
– la présence ou non d'images, de dessins, de photographies ;
– la présence ou non de texte ;
– le format ;
– les couleurs ;
– etc.

Les prénoms

Objectif : identifier et s'approprier un écrit.

Matériel : des étiquettes autocollantes.

Préalable

L'enseignant a placé, dès le début de l'année et avec les enfants, des étiquettes pour marquer des endroits utilisés par les enfants :

– à l'entrée de la classe, sur le panneau pour s'inscrire à la cantine : un tableau séparé en deux – Je *mange à la cantine / Je ne mange pas à la cantine* ;
– sur le portemanteau ;
– sur leur panier à chaussons et objets personnels ;
– sur leur casier à rangement des dessins ;
– sur leur boîte à étiquettes-prénom ;
– dans le coin « regroupement » pour l'appel.

Selon les endroits, le prénom est accompagné d'une photographie de l'enfant ou non. Par exemple, la couleur des paniers et des casiers, ainsi que leur emplacement, suffisent pour le repérer.

• • Première séance - L'étiquette du cahier de vie

En ateliers de six, chaque enfant doit reconnaître son étiquette parmi six étiquettes. En début d'année, elles sont écrites en capitales d'imprimerie. L'enseignant fait toujours préciser la démarche adoptée. L'enfant vérifie, ensuite, avec les étiquettes photo de l'appel s'il ne s'est pas trompé. L'enseignant précise qu'il a écrit les prénoms avec son ordinateur. Il peut aussi questionner les enfants sur la façon dont il a écrit les étiquettes.

Cette étiquette est collée par l'enfant sur le cahier de vie, puis il colle sa photographie. Cette feuille est la première du cahier de vie de l'enfant. Il se dessine sur une deuxième feuille.

Certains enfants confondent « écrire » et « dessiner ». Les précisions sont alors données par l'enseignant et les autres enfants, il est bon d'insister sur la différence.

• • Deuxième séance – La décoration de l'initiale des prénoms

Cette activité est organisée lorsque les enfants commencent à repérer des similitudes dans l'écriture des prénoms et, en particulier, les prénoms qui commencent par la même lettre. Elle aide les enfants qui n'ont pas encore ces repères dans l'écrit à se fixer sur la première lettre de leur prénom et à mieux la visualiser.

L'initiale est décorée à l'aide de fantaisies graphiques imaginées par chaque enfant.

• • Troisième séance – La mise en place d'affiches-repères

Chaque lettre initiale de tous les prénoms de la classe est décorée avec différents matériaux : bouchons, allumettes, gommettes, papier de couleur... Chaque lettre décorée est collée sur une affiche. Les enfants viennent coller leur prénom sur l'affiche correspondant à leur initiale.

• • Quatrième séance – Un jeu avec les lettres des prénoms

• Dans un premier temps, les enfants ont toutes les lettres de leur prénom et doivent les replacer dans l'ordre pour reconstituer leur prénom en utilisant un modèle. L'enseignant insistera alors sur la permanence de l'écriture.

• Plus tard dans l'année, ils le feront sans modèle.

• Dans une autre séance, ils devront retrouver les lettres de leur prénom parmi d'autres lettres, d'abord avec modèle, puis sans modèle.

• • Cinquième séance – L'utilisation d'autres outils

Écrire son prénom avec l'imprimerie d'abord avec un modèle, puis sans modèle ; faire de même avec l'ordinateur.

• • Sixième séance – Retrouver son prénom dans une liste de prénoms

La liste est écrite une fois avec des lettres en majuscules d'imprimerie et une fois en lettres cursives.

Certains enfants peuvent aussi retrouver les prénoms d'autres enfants de la classe.

• • Prolongement - L'appel

Matériel : - un panneau de bois avec des crochets pour fixer les étiquettes ;

- les étiquettes-prénoms évolutives au cours de l'année sur trois périodes :
  - première période : photographie + prénom, écrit en capitales d'imprimerie,
  - deuxième période : enlever la photographie et ne laisser que le prénom en capitales d'imprimerie,
  - troisième période : le prénom est écrit en lettres cursives et en écriture scripte sur le recto de l'étiquette + photographie et prénom en capitales d'imprimerie sur le verso.

Les étiquettes sont à chaque fois plastifiées pour une meilleure conservation.

• Première séance

Présentation du panneau et des étiquettes ; les enfants remarquent qu'elles portent leur photographie et que quelque chose est écrit. Spontanément, la plupart trouve que cet écrit représente leur prénom.

Un enfant pioche une étiquette, il la montre aux autres enfants en cachant la photographie. Ils émettent des hypothèses, certains reconnaissent leur prénom déjà vu en petite section. La photographie est ensuite montrée pour vérifier leur hypothèse.

• Deuxième séance et suivantes

Au moment du regroupement du matin, l'appel se fait avec ce matériel, selon différents déroulements et sous forme de jeux, afin de ne pas lasser les enfants. Le meneur de jeu est l'enseignant ou un enfant.

Le but du jeu est de reconnaître à qui appartient l'étiquette, pour savoir s'il est présent ou non, et, si oui, on l'accroche sur le panneau.

– Dans un premier temps, l'enseignant montre toute l'étiquette (photographie et prénom). Les enfants reconnaissent l'étiquette grâce à la photographie. Le rôle de l'enseignant est d'attirer l'attention sur l'écrit, en faisant remarquer, par exemple, « le O tout rond » de Oscar ou le tréma (« les deux petits points ») de Aloïse. Ainsi, les enfants apprennent à reconnaître plus facilement le prénom des autres enfants. Ils complètent le panneau.

– Dans un deuxième temps, les mêmes étiquettes sont utilisées mais la photographie est masquée. Si la majorité des enfants la reconnaissent, on passe à la deuxième période. Certains enfants reconnaissent leur prénom dès la petite section. L'enseignant interroge l'enfant qui a deviné sur sa démarche : reconnaissance de la première lettre, d'une autre lettre, de la longueur du mot, de la hauteur de certaines lettres, du point, du tréma, etc.

Certains enfants devront chercher les endroits où les prénoms sont encore accompagnés de photographies (tableau des responsabilités, étiquettes de l'appel de cantine, affiches sur les initiales, etc.) pour pouvoir les lire.

– Suite à un travail sur l'initiale du prénom, l'enseignant montre seulement la première lettre. Les enfants peuvent trouver, en se référant aux affiches, des prénoms classés dans l'ordre alphabétique.

– Enfin, l'enseignant donne à chaque enfant l'étiquette d'un autre enfant. Chacun à leur tour, les enfants disent à qui appartient l'étiquette et si l'enfant est présent ou absent. S'ils ne savent pas lire l'étiquette, ils vont se référer aux affiches où les prénoms sont encore accompagnés des photos.

Chapitre 4

Agir dans le monde, les activités physiques et sportives

Les APS

• • L'enfant et le mouvement

Les activités physiques et sportives sont avant tout génératrices de mouvements. C'est le mouvement qui donne à l'enfant son pouvoir sur les choses et les êtres qui l'entourent.

Très tôt, le bébé se manifeste par des mouvements du visage : ils lui permettent de communiquer avec son entourage. Les mouvements de tout son corps manifestent aussi son état physique et moral, et renseignent l'adulte sur ses besoins.

Le corps est, pour le jeune enfant, l'expression de son développement psychique et il soutient ses activités mentales.

Il est intéressant de s'interroger sur les composantes du mouvement – l'activité cinétique qui implique un déplacement et l'activité tonique qui donne une tension au muscle pour accomplir ce déplacement – car le manque de contrôle de l'activité tonique peut entraîner une incapacité d'interrompre un geste. Par exemple, il est difficile pour un jeune enfant de s'arrêter brusquement à un signal ; il en a le désir, mais son corps ne répond pas à sa demande.

• • Les objectifs de l'école maternelle pour le jeune enfant

L'enseignant doit cibler, au travers de jeux et d'exercices motivants, des objectifs particuliers à cette tranche d'âge :

– améliorer certains gestes et les coordonner ;
– faire découvrir de nouveaux gestes ;
– différencier les perceptions et les affiner ;
– faire prendre conscience de la globalité du corps et de l'interdépendance de toutes ses composantes ;
– se socialiser.

Aussi, on peut remarquer que, dans un même temps, l'enfant prend conscience de la globalité de son corps, mais aussi des différentes parties qui le composent.

Le mouvement lui permet d'agir, de ressentir de nouvelles sensations corporelles. L'école est un lieu privilégié : un matériel adéquat est mis à sa disposition pour répondre à son besoin d'action et il peut y adapter ses attitudes à l'autre.

L'enfant agit :
– en jouant ;
– en prenant des risques ;
– en répétant des actions identiques qui lui ont particulièrement été agréables ;
– pour se faire plaisir ;
– pour se valoriser et se grandir.

Ces activités le conduisent à confronter ses propres actions avec celles des autres enfants : il observe, imite, aide, affronte.

En fait, il s'adapte à l'environnement humain, il se socialise par le contact avec l'autre.

En conclusion, les APS permettent de répondre aux besoins de mouvements de l'enfant, elles l'aident dans la construction de son schéma corporel, en lui donnant les moyens de mieux structurer et de maîtriser ses actions pour lui-même et en direction des autres. Elles sont d'une grande aide dans la socialisation du jeune enfant.

• • Les moyens mis en œuvre

Les activités physiques et sportives sont indispensables aux enfants et doivent être quotidiennes.

Avant tout, il s'agit d'en varier la forme pour permettre aux enfants d'explorer le lieu, le matériel et les différentes conduites motrices.

Voici un exemple d'organisation des activités sur une semaine :

Lundi : parcours avec du gros matériel : banc, poutre, échelle, tapis, toboggan, tunnel... ;

Mardi : manipulation de petits matériels : balles, ballons, cerceaux, anneaux, caissettes, sacs de graines, briques, bâtons... ;

Jeudi : danse et expression corporelle ;

Vendredi : parcours ou objets privilégiant certaines actions : sauter, ramper, escalader...

Ces activités sont à la fois individuelles – par exemple, quand un enfant manipule un ballon – et collectives – puisqu'il agit en présence des autres et dans le même lieu ; certains de ses gestes vont parfois dépendre de l'autre ou se faire en direction de l'autre.

Chaque séance commence par une mise en train dynamique et se termine par un moment de calme et de détente. Les jeux de relaxation procurent aux enfants un bien - être qui se répercute sur les autres activités de la journée. En cela, ils peuvent être repris à d'autres moments de la journée, pour détendre les enfants et réinstaurer le calme.

Les ballons – un jeu collectif

Objectifs :
- envoyer un ballon de différentes manières dans un camp adverse ;
- lancer ou faire rouler un ballon en utilisant les mains ou les pieds ;
- intercepter un ballon ;
- affiner progressivement son geste afin d'en améliorer l'efficacité : force, précision et rapidité ;
- participer à un jeu collectif de manière active et efficace.

Matériel :
- des ballons ;
- une corde ;
- un filet ;
- des bancs.

Organisation : en groupe-classe.

• • Première séance

Chaque enfant a un ballon.

• Exploration libre : laisser les enfants jouer librement avec leurs ballons. L'enseignant observe et note les réponses motrices.

• Reprendre l'action d'un enfant et la faire reproduire par les autres.

La même démarche est utilisée avec un ballon pour deux enfants.

• • Deuxième séance

Jeu : les ballons pleins de boue.

La salle est séparée en deux par une corde. L'enseignant présente le jeu avec des règles minimales qui vont leur permettre de rentrer plus facilement dans ce jeu : « *On fait deux équipes. D'un côté de la corde, il y a les parents dans la maison. De l'autre côté de la corde, les enfants sont dans le jardin. Il pleut, les ballons sont sales et pleins de boue ; et comme les enfants sont très vilains, ils veulent lancer les ballons dans la maison. Les parents n'en veulent pas et ils les relancent dans le jardin. Mais les enfants les relancent aussitôt dans la maison...* »

Lors de cette séance, l'enseignant laisse volontairement les enfants choisir leur équipe pour faire naître le besoin d'équité : il est évident que, si les enfants sont plus nombreux d'un côté, ils ont plus de chance de gagner. De retour en classe, les enfants cherchent à résoudre le problème : voir page 148.

L'enseignant laisse également la liberté aux enfants de choisir la façon dont ils relanceront le ballon dans le camp adverse.

La notion de durée de jeu pour chaque manche est travaillée en classe avec la fabrication d'un sablier page 84.

À la fin de la partie, un nouveau problème se pose : comment savoir quelle équipe a gagné ? Ce problème est résolu page 148.

Lors de cette séance, la règle du jeu n'est pas clairement définie pour que tous les problèmes rencontrés fassent naître la nécessité des règles et de leur respect.

De plus, à partir de cette idée de jeu, l'enseignant pourra jouer sur les variables pour le modifier :

– au niveau des réponses motrices des enfants ;

– au niveau de l'espace de jeu.

• • Troisième séance

Recherche d'une règle avec les enfants.

Le jeu est le même que précédemment. Une question est posée sur la façon de renvoyer le ballon dans l'autre camp. Les enfants choisissent une règle qu'ils devront suivre : par exemple, faire rouler le ballon pour qu'il passe en dessous de la corde.

Que faire en cas de non-respect de cette règle ? Les enfants décident que celui qui ne respecte pas la règle ne joue plus.

Recherche de toutes les façons d'appliquer la règle : utiliser les pieds, les mains. Cela déterminera la nouvelle règle pour la partie suivante.

Que faire pour essayer de gagner ? Renvoyer le ballon le plus vite possible, donc essayer de l'attraper dès qu'il arrive dans le camp.

• • Quatrième séance

Le même jeu est organisé mais les deux camps sont séparés par un filet qui tombe jusqu'au sol. Cette séance se déroule selon la même démarche que la précédente.

La présence du filet oblige les enfants à changer d'action : ils lancent le ballon au-dessus du filet.

• • Cinquième séance

Même jeu et même recherche, mais cette fois avec des cerceaux qui pendent du plafond : ils représentent les fenêtres de la maison. Les enfants doivent renvoyer le ballon à travers les cerceaux.

• • Sixième séance

Même jeu et même recherche. Une double rangée de bancs espacés d'un mètre cinquante sépare les deux camps : l'espace représente une rivière et les ballons doivent être lancés plus fort pour ne pas tomber dedans.

• • Réflexions sur la démarche

1) Cette démarche permet d'affiner progressivement les réponses motrices des enfants.

Après chaque séance, une phase de verbalisation et d'analyse est nécessaire pour qu'ils expriment et évaluent leurs progrès, leurs réussites ou leurs difficultés.

Dans ce cas précis, ils prennent conscience qu'ils doivent acquérir :
- plus de précision dans les lancers ;
- plus de rapidité dans les interceptions.

2) Cette démarche leur permet également de modifier la règle du jeu.

3) Cependant, elle ne leur permet pas, à leur âge, de prendre conscience de la nécessité d'une organisation au sein de l'équipe pour améliorer leur tactique. Par exemple, ils s'approprient un ballon loin de la séparation des deux camps et ils ne veulent pas faire une passe à un coéquipier.

• • Prolongements

Pour leur apprendre à se passer le ballon, l'enseignant organise des jeux de relais par équipe. Les enfants prennent ainsi conscience que le rôle de chacun est important.

Faire rouler des balles

I. Première étape : faire rouler avec les mains

Matériel :
- une balle de tennis par enfant ;
- des quilles ;
- des plots lestés ;
- des cordes.

Organisation : en groupe-classe, puis en ateliers.

• • Première séance

Objectifs : – utiliser une action élémentaire : faire rouler des balles avec les mains ;
– s'approprier un matériel : la balle de tennis.

Les enfants ont pour consigne de faire rouler la balle avec leurs mains.

C'est une exploration libre. Le rôle de l'enseignant est de solliciter, de conseiller et de noter certaines actions à réinvestir.

La notion de faire rouler est souvent confondue avec celle de lancer. Dans ce cas, l'enseignant reprend la classe pour faire rectifier le geste. On compare les gestes de lancer et de faire rouler : les enfants constatent que, quand la balle roule, elle reste au sol alors que, lorsqu'ils la lancent, elle touche seulement le sol à la réception.

• • Deuxième séance

Objectif : maîtriser un geste en direction et en puissance.

• Des consignes sont données :

– Faire rouler loin, par exemple jusqu'au mur.

– Faire rouler dans une direction donnée vers un autre enfant, en augmentant peu à peu la distance de séparation.

• Des règles sont introduites :

– Envoyer au signal.

– Attendre que tous les enfants aient envoyé leur balle pour aller récupérer la sienne.

• • Troisième séance

Objectifs : – envoyer avec précision en force et en direction ;
– jouer à un jeu avec des règles :
– faire tomber le plus possible de quilles en lançant sa balle,
– se placer à un endroit précis, le même pour tous,
– jouer chacun son tour.

Préalable : l'enseignant demande aux enfants s'ils connaissent un jeu pour adulte qui utilise l'action de faire rouler une balle avec ses mains pour faire tomber quelque chose. Ils proposent le bowling.

– Dans un premier temps, des quilles sont disposées au milieu de la salle.

Les enfants, munis d'une balle chacun, sont placés contre un mur, face aux quilles. La consigne est donnée de faire rouler la balle pour faire tomber les quilles. Ils prennent conscience de certaines difficultés : pour réussir, il faut faire rouler « droit », « loin », « fort ».

– Dans un second temps, l'enseignant propose trois ateliers pour perfectionner son tir.

• Première séance

Au début de la séance, les quilles sont placées à 1,50 m de l'emplacement destiné au joueur, puis le point de tir sera reculé.

Chaque enfant fait rouler sa balle en essayant d'abattre le plus de quilles possibles.

Ce jeu peut se faire par équipe de deux.

• Deuxième séance

L'enseignant installe des cordes pour faire des chemins. Les enfants doivent faire rouler leur balle :

– assez fort pour atteindre l'arrivée ;

– en ligne droite pour rester sur le chemin.

• Troisième séance

L'enseignant installe des plots lestés. Les enfants doivent faire rouler la balle assez fort pour déplacer les plots et les faire reculer jusqu'au mur.

• Quatrième séance : évaluation

Chaque enfant passe aux trois ateliers. Les autres enfants l'observent et commentent ses tirs. Il a le droit de recommencer plusieurs fois.

Quand il réussit, il prend une vignette correspondant à l'atelier et la colle sur sa feuille d'évaluation.

II. Deuxième étape : faire rouler sans les mains

Matériel : des balles de tennis.

Organisation : en groupe-classe, puis en ateliers.

• • Première séance

Objectifs : – chercher toutes les positions pour faire rouler sa balle sans les mains ;
– maîtriser le mouvement.

Les enfants cherchent toutes les possibilités pour faire rouler la balle sans les mains :
– debout, avec le pied ;
– allongé sur le ventre, ramper et la faire avancer avec la tête ;
– allongé sur le ventre, la faire avancer par un mouvement latéral du bassin ;
– assis, la pousser avec les pieds ;
– à genoux, la pousser avec les genoux.

• • Deuxième séance

Objectif : faire rouler la balle avec les pieds en maîtrisant le mouvement pour éviter les obstacles.

L'enseignant dispose à travers la salle divers objets. Les enfants poussent leur balle avec les pieds en évitant les obstacles pour traverser la salle.

• • Troisième séance et suivantes

Utiliser les recherches des enfants pour organiser les mêmes ateliers que dans la première étape.

III. Troisième étape : faire rouler avec un bâton

Objectifs : – faire rouler la balle avec un bâton ;
– rechercher la précision.

Matériel : – des balles de tennis ;
– des bâtons.

Organisation : en groupe-classe.

Chaque enfant a une balle et un bâton. Il doit faire rouler la balle, non plus avec sa main, mais avec l'aide du bâton.

Il doit donc rechercher : comment faire rouler la balle avec le bâton et comment maîtriser le déplacement de la balle dans un endroit précis.

Des consignes sont données :

– Seul, faire rouler la balle avec le bâton jusqu'à un endroit donné et par mouvements successifs.

– Avec une balle pour deux, la faire rouler avec le bâton jusqu'à un autre enfant.

– Faire rouler la balle avec le bâton pour l'envoyer le plus loin possible.

– Avec le bâton, déplacer la balle sur un chemin tracé sur le sol.

– Viser des plots en frappant la balle avec le bâton.

• • Prolongements

Chercher avec les enfants tout le matériel d'APS que l'on peut faire rouler : bâtons, cerceaux, anneaux, d'autres ballons.

Même recherche dans la classe, mais avec des petits objets de la classe que l'on peut faire rouler sur la table.

Rouler

I. Rouler avec son corps

Objectifs : - maîtriser son corps dans l'action de rouler ;
- chercher les différentes façons de rouler.

Matériel : des petits tapis pour faire un tatami.

Organisation : en groupe-classe.

• Dans un premier temps, les enfants cherchent les différentes façons de se déplacer sur le sol en roulant : sur le côté, d'avant en arrière, d'arrière en avant, en boule.

• Dans un deuxième temps, les enfants sont par deux, l'un fait rouler l'autre.

II. Rouler dans des ateliers gymniques

Objectifs : - rouler d'un espace à l'autre ;
- rouler sur soi-même latéralement ;

- rouler sur un plan horizontal ;
- rouler sur un plan incliné ;
- rouler sur soi-même verticalement ;
- faire une roulade dans un enchaînement gymnique.

Matériel : de quoi pouvoir proposer les cinq mini-parcours suivants :

1. Rouler d'un espace à l'autre :

(2 matelas parallélépipèdes, 1 matelas cylindrique)

2. Rouler sur soi-même :

(4 cordes lisses, 2 cordes à anneaux, des matelas de réception en mousse)

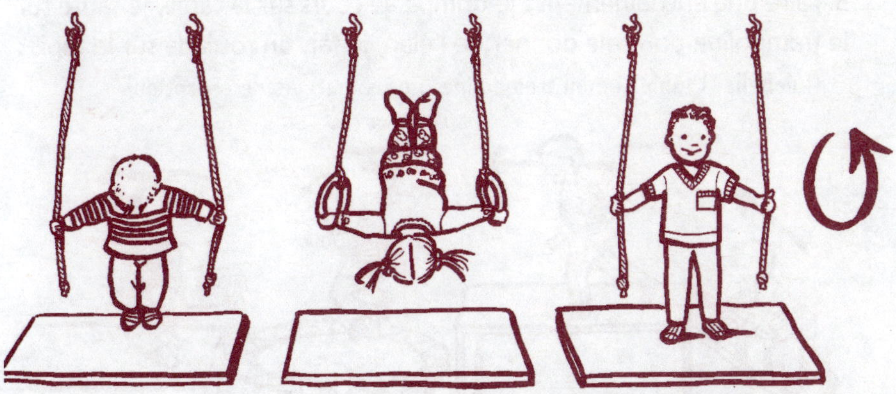

3. Faire une roulade, avant ou arrière, en s'aidant du plan incliné :

(1 matelas de forme trapèze, 1 matelas de réception)

4. Rouler latéralement (allongé sur le côté) :

(- l'élément vertical est composé d'un tunnel de métal
- l'élément oblique est composé de 4 bancs dont les pieds sont fichés dans le tunnel, ils sont recouverts de tapis en mousse fixés par du gros scotch
- 1 tapis de réception)

5. Faire une enchaînement : je grimpe, je cours sur la table, je saute sur le trampoline pour me donner de l'élan, je fais un roulade sur le tapis :

(1 échelle, 1 table, 1 mini trempoline, 1 gros matelas de réception)

Organisation : en ateliers.

• • Première séance

Les enfants explorent le matériel librement. La seule contrainte est d'essayer de passer à tous les ateliers.

• • Deuxième séance

L'enseignant demande aux enfants les actions possibles sur un atelier. Quand l'enfant réalise l'action souhaitée par l'enseignant – « rouler » –, celui-ci lui demande de se déplacer sur le matériel proposé en faisant le plus de roulades possibles.

• • Troisième séance

Recherche de mouvements, de positions, les plus appropriés afin de pouvoir réaliser l'action « rouler ».

• • Quatrième séance

Évaluation : les enfants passent à tous les ateliers en « roulant ». Ils prennent leur vignette de l'atelier s'ils ont réussi à « rouler » partout.

Avec des tapis

Objectifs :
- manipuler du petit matériel.
- ramper, tirer, porter.
- coordonner ses mouvements.
- apprendre à coopérer avec un partenaire.

Matériel : les tapis, de 4 couleurs différentes, utilisés pour le retour au calme ou le moment de relaxation.

• • Première séance

Mise en train

Les tapis sont disposés sur le sol. Les enfants découvrent ce nouveau matériel : ils touchent les tapis et remarquent qu'ils sont lisses. En les retournant, ils sentent qu'ils ne sont pas lisses de l'autre côté. Chacun donne son avis sur cette différence. L'enseignant conclut que le tapis est rugueux côté sol et lisse de l'autre côté. Les enfants se font alors la remarque que le côté lisse doit être glissant et pas l'autre.

Cette particularité sera intéressante pour certains exercices.

Ensuite, au son du tambourin, les enfants se déplacent entre les tapis sans les toucher.

Découverte et exploration

Chacun prend un tapis et a pour consigne de « jouer avec ».

L'adulte note les actions effectuées par les enfants.

• • Deuxième séance

Les enfants ont pour consigne d'utiliser les tapis de toutes les façons possibles.

Ils s'assoient dessus, s'allongent sur le dos et sur le ventre, se mettent à genoux.

Ils le tirent derrière eux, à une ou deux mains, en marchant ou en courant.

Ils le font glisser devant eux en reculant, avec une ou deux mains.

Assis sur le tapis, ils glissent sur les fesses en s'aidant de leurs jambes placées de chaque côté.

Ils se couchent sur le ventre et avance à l'aide de leurs bras.

Ils se glissent sous le tapis et avancent comme la tortue.

Un pied sur le tapis côté glissant, ils poussent avec l'autre pied par terre comme sur une trottinette.

• • Troisième séance

Même consigne mais en utilisant un tapis pour deux

Un enfants est assis sur le tapis, l'autre le tire en reculant

Un enfant est à genoux ou couché (sur le dos ou sur le ventre), l'autre le tire.

Certains enfants essaient de se faire tirer en restant debout, mais sans beaucoup de succès.

Deux enfants debout tiennent le tapis et tirent chacun de leur côté.

Certains reprennent à deux les mêmes actions faites à la séance précédente.

• • Quatrième séance

Reprises de certaines actions, comme par exemple les différentes façons de se déplacer avec le tapis :

– les genoux sur le tapis, les mains en dehors ;

– les mains sur le tapis, les genoux dehors ;

– debout, en traînant le tapis à deux mains, en avant ou en arrière ;

– se déplacer avec un autre enfant, etc.

• • Cinquième séance

On organise des jeux avec les tapis.

• Les tapis musicaux

Les tapis sont éparpillés dans la salle. Les enfants se déplacent entre les tapis au son d'une musique. Quand elle s'arrête, chaque enfant va sur un tapis. Au tour suivant, l'enseignant supprime un tapis ; le joueur qui ne trouve pas de tapis est éliminé et ainsi de suite.

Selon le même déroulement, si on supprime deux tapis, les enfants se retrouvent deux sur un tapis, deux enfants sont donc éliminés à la fois. Même jeu avec trois.

• La course en tapis

Ce jeu se fait par équipe de deux : un enfant est assis sur le tapis, le deuxième le tire. Tous les tapis sont disposés sur une même ligne.

Face à chaque tapis, de l'autre côté de la salle, est disposée une pile de 5 anneaux. Le but du jeu est d'aller chercher et de ramener tous les anneaux de la pile le plus rapidement possible. C'est l'équipier assis sur le tapis qui attrape les anneaux un par un et les dépose au point de départ.

• • Sixième séance – Le parcours

Les tapis sont disposés en 4 lignes sur le sol ; chaque ligne est composée de, par exemple, 2 tapis verts, 3 tapis rouges, 3 tapis bleus.

Les enfants sont divisés en quatre équipes de 7.

Des consignes sont définies avec les enfants : par exemple, sauter à pieds joints sur les tapis verts, faire une roulade sur les tapis rouges et marcher à reculons sur les tapis bleus.

D'autres mouvements possibles : rouler sur soi-même sur les tapis verts, sauter sur un pied sur les tapis rouges, marcher à quatre pattes sur les tapis bleus, etc.

Les rubans

Objectifs :
- donner de l'amplitude et de la souplesse au mouvement ;
- permettre à l'enfant une entrée dans la danse grâce à l'introduction d'un objet : le ruban ;
- permettre à l'enfant de prendre plaisir à exercer un pouvoir sur un objet et d'en prendre conscience.

Matériel :
- un ruban de 1,50 m par enfant ;
- un magnétophone ;
- une musique : *L'Apocalypse des animaux* de Vangelis.

Organisation : en groupe-classe.

Préalables Après avoir construit avec les enfants un répertoire de tous les modes et rythmes de déplacements, l'enseignant constate que les enfants sont crispés, que leurs mouvements manquent d'amplitude, surtout au niveau des bras.

Des séances organisées avec des rubans permettent un déblocage des articulations, une amplitude du geste qui génèrent la fluidité du mouvement.

• • Première phase (sur plusieurs séances)

L'enseignant facilite l'entrée dans l'activité en proposant une situation simple, ouverte, accessible à tous et qui permet de nombreuses actions, qui donne envie d'agir et qui provoque du plaisir. La consigne est donnée de trouver différentes façons de jouer avec son ruban.

Il note les différentes idées des enfants :

– les actions sur le ruban : le faire voler, glisser, onduler, tourner en faisant des ronds, des boucles... ;

– les déplacements de l'enfant : marcher, courir, sauter, reculer, ramper... ;

– la préhension du ruban : par un bout, par les deux bouts, par le milieu, en boule dans la main ;

– la position du ruban dans l'espace : en l'air, sur le sol.

• • Deuxième phase (sur plusieurs séances)

Introduction de la musique.

La musique proposée est une musique lente qui va induire des gestes plus lents, plus appliqués, moins crispés, plus amples.

Une musique plus rapide induira plus facilement des productions d'actions en déplacements plus larges, occupant tout l'espace.

• • Troisième phase (sur plusieurs séances)

L'enseignant fait avec les enfants l'inventaire de tous les gestes et déplacements trouvés lors de la phase précédente. Ils sont alors reproduits par imitation. Durant les séances suivantes, ils sélectionnent leurs mouvements préférés.

• • Quatrième phase (sur plusieurs séances)

La classe est répartie en deux groupes : des acteurs et des spectateurs. Ils prennent conscience des mouvements de l'autre et une phase de verbalisation permettra de les mettre en mots.

L'enseignant explique leur rôle aux spectateurs :

– regarder les autres afin de repérer des idées de mouvements ;

– regarder les autres pour porter un jugement et le justifier ;

– prendre plaisir à voir car la danse est un spectacle qui se regarde.

• • Cinquième phase

Imiter un mouvement, puis un autre et enchaîner les deux mouvements.

• • Sixième phase

Les enfants sont par deux, face à face. L'un produit un mouvement, l'autre le regarde et le reproduit : ils travaillent en miroir.

• • Septième phase

Les enfants dansent avec un ruban dans chaque main.

• • Huitième phase

Les enfants dansent par deux avec un ruban.

Ils trouvent plusieurs possibilités :

– chaque enfant tient un bout de ruban, et les deux enfants décident ensemble des mouvements ;
– un seul enfant tient le ruban et l'autre danse autour.

• • Neuvième phase

Les enfants dansent sans ruban en essayant de retrouver les mêmes mouvements que dans les premières phases.

La relaxation

Objectifs :

- se détendre ;
- créer une ambiance calme ;
- prendre conscience de son corps.

Préalable

Les enfants sont parfois excités à certains moments de la journée. Il est intéressant de réfléchir, à la fois sur la cause de cette excitation et sur la façon d'y trouver des remèdes.

Il est évident qu'on n'applique pas chez le jeune enfant des techniques pures de relaxation, mais on va lui apprendre à se détendre et à se concentrer sur certaines parties de son corps. Cette concentration précise entraîne toujours une détente.

C'est l'adulte qui crée le climat de sa classe. Selon qu'il est détendu ou pas, sa classe sera calme et attentive ou pas. Son attitude a donc une importance capitale pour les différents apprentissages de l'enfant.

Les enfants sont très sensibles à la voix : il ne faut pas crier, ne pas parler trop fort, mais parler distinctement d'une voix calme et posée.

Les expressions du visage apportent énormément pour la sérénité de la classe. Penser à toute la gamme du sourire : le sourire qui encourage, celui qui félicite, le sourire complice, ou un peu réprobateur…

• • Premier jeu – « Je fais le tour de la maison »

Objectifs : – prendre conscience des parties de son visage ;
– détendre son visage.

Quand le faire ? À tout moment pour ramener le calme.

• Les enfants font face à l'adulte, qui récite le texte en exécutant les gestes :

« Je fais le tour de la maison » : l'index frôle le front, les joues, le menton et fait le tour du visage.

« Je ferme les volets » : il baisse les paupières sur ses yeux à l'aide de ses deux mains.

« Je ferme la porte » : il appuie l'index sur sa bouche

« Et je tourne la clef » : il prend son nez entre le pouce et l'index et le tourne doucement.

• Avec l'enseignant, les enfants reprennent la comptine et refont les gestes. Les enfants ferment les yeux quelques instants.

• Ce jeu se fait en groupe–classe, chacun pour soi. Ensuite, les enfants le font deux par deux, par exemple, l'un récitant la comptine, l'autre agissant.

• • Deuxième jeu – La fourmi

Objectifs : – détendre les bras et les mains ;
– prendre conscience de son corps en se concentrant sur certaines parties.

Quand le faire ? À faire particulièrement avant une activité manuelle.

• La séance est pratiquée dans un endroit calme. L'enfant est à l'aise dans ses vêtements.

L'adulte fait l'exercice en même temps que l'enfant.

Les enfants sont debout. L'enseignant demande à ceux qui le veulent de fermer les yeux.

Il s'agit d'imaginer une fourmi qui se promène sur le corps.

• Les consignes sont données en même temps que le parcours de la fourmi :

– Toucher d'une main son épaule droite, puis son coude, son poignet, les pliures des doigts, le bout des doigts.
– Faire de même avec l'autre main.
– Les bras le long du corps, fermer les yeux et imaginer une fourmi partant de l'épaule droite, qui descend doucement jusqu'au bout des doigts.
« Je la sens sur mon épaule, elle descend, elle descend. Je la sens sur mon coude, elle descend, elle descend, je la sens, etc. »
– Imaginer maintenant qu'elle remonte.
– Faire la même chose à partir de l'épaule gauche.
– Ouvrir les yeux et agiter souplement les mains, les bras le long du corps, comme pour faire tomber les fourmis du bout des doigts.

• • Troisième jeu – Le métronome

Objectifs : – produire un mouvement de détente ;
– décontracter une partie du corps ;
– suivre un rythme avec tout son corps.

Matériel : un métronome.

Quand le faire ? – Avant une activité musicale.
– Au moment de l'APS, soit au début – si, par exemple, les enfants rentrent de récréation et sont excités –, soit à la fin pour les détendre.

• Faire écouter et regarder un métronome.

Les enfants, debout, essaient d'imiter le rythme avec leur corps.

En salle d'APS, ils peuvent également suivre le rythme, allongés sur le sol.

• Puis l'enseignant donne des consignes.

– Fermer les yeux et penser au mouvement du métronome.
– Écouter le métronome.
– Laisser tomber la tête et les bras en avant (le buste suit).
– Fixer son attention sur le poids des mains et de la tête.
– Dans cette position, se répéter le rythme du métronome en effectuant un léger balancement d'un côté, de l'autre.
– À l'arrêt du métronome, s'immobiliser dans la position.
– Au nouveau départ du métronome, se balancer dans l'autre sens.
– S'immobiliser.
– Terminer l'exercice, en s'accroupissant doucement, la tête toujours en position basse, la relever doucement et ouvrir les yeux.
– S'asseoir.
– S'allonger quelques instants (si la place au sol dans la classe le permet).

• Ce même exercice se fait également accroupi.

• Il peut se faire ensuite sans métronome, les enfants se mémorisant le bruit, le rythme et le mouvement du métronome.

Chapitre 5

Découvrir le monde

• Dès l'entrée à l'école maternelle, les enfants ont, selon leur vécu antérieur, une curiosité naturelle plus ou moins développée.

Tous les enfants naissent avec la même potentialité d'interrogation sur le monde qui les entoure. Mais, selon les sollicitations ou les réponses des adultes de leur entourage, ils explorent spontanément le monde ou, au contraire, restent retranchés sur eux-mêmes. Peu à peu, ces enfants risquent de ne plus s'intéresser à ce qui les entoure et de devenir ainsi des êtres dénués de curiosité. On retrouve, hélas, le résultat de ce comportement dans des classes des écoles, collèges et lycées.

L'école maternelle est donc le lieu privilégié pour donner ou redonner à tous les enfants le désir et le plaisir d'explorer le monde, et pour éveiller encore plus leur curiosité.

• Dans le domaine des sciences, la difficulté pour l'adulte est d'avoir en face de lui un jeune enfant qui évolue entre le réel et l'imaginaire. L'enfant a besoin de l'imaginaire pour nourrir le réel et du réel pour nourrir son imaginaire. Comment pourrait-il imaginer un cheval ailé qui se déplacerait dans le ciel s'il ne sait pas qu'un cheval n'a pas d'aile ? Le jeune enfant observe ce qui l'entoure, imagine ce qu'il ne voit pas, cherche des explications aux phénomènes. Mais souvent, **l'enfant de 4-5 ans** n'a pas encore les données scientifiques ni le bagage linguistique pour exprimer tout ce qu'il voudrait dire, pour décrire exactement ce qu'il voit. Il ne possède pas les connaissances lui permettant de comparer, de déduire, de réinvestir. Il n'a pas, parfois, toutes les compétences lui permettant d'analyser et de transposer une situation.

• C'est par l'**observation**, par des **constats** oralisés ou seulement intériorisés, par des questionnements, et de modestes – au regard de l'adulte – **expériences**, que l'enfant fait son **exploration du monde**.

• L'enfant a une **vision très personnelle** du monde qui l'entoure : il voit tout en fonction de lui, il émet des constats en fonction de sa propre expérience. Ses explications peuvent déconcerter les adultes. Par exemple :

– **il émet des affirmations en rapportant** ce qu'il voit à sa propre logique : « le ver de terre bouge donc il est vivant » ;

– il prête une âme et une volonté aux objets (**animisme**) : « les nuages se promènent où ils veulent » ;

– il porte un **jugement moral** sur les objets et les choses : « la pluie est gentille pour les escargots ; le moustique est méchant, il pique ». Un coin de table peut être méchant si l'enfant s'est cogné dessus ;

– il fait référence à son propre comportement (**anthropomorphisme**) : « la taupe a peur sous terre, car il fait noir. La fleur a mal parce qu'on l'a écrasée. Les racines du chêne, elles ont des toutes petites bouches pour faire boire l'arbre ».

• Le **rôle de l'enseignant** est :

– de trouver la situation qui déclenchera la motivation et l'intérêt chez l'enfant ;

– de l'aider à exprimer ses représentations en rapport avec la situation ;

– de le soutenir dans son expérimentation et ses questionnements, pour lui permettre de faire évoluer ses représentations ;

– de le mettre en contact avec des écrits documentaires pour trouver des réponses à ses questions ou des vérifications à ses hypothèses ;

– de l'inciter à verbaliser ses constats, ses hypothèses ;

– de noter ce qu'il dit dans un livret qui lui est propre, sur des affiches de synthèse, afin qu'une trace subsiste et par elle, la mémoire ;

– de relancer l'activité pour la séance suivante par des questions inductrices ou une formulation-problème.

– d'aider l'enfant dans son appropriation du réel, sans précipitation, mais en évitant de renforcer son propre système explicatif décrit plus haut. L'enfant fera un va-et-vient entre le réel et l'imaginaire.

Peu à peu, le réel se révélera pour lui et il aura tant de découvertes extraordinaires à faire que, sans doute, ce réel sera encore plus riche qu'il a pu se l'imaginer.

• Quelques exemples d'éléments qui peuvent **éveiller la curiosité** des enfants :
– un album ;
– un objet particulier ou l'apport d'un nouveau matériel ;
– une naissance ;
– la prise en compte de l'environnement proche ;
– la visite médicale ;
– une sortie culturelle ou sportive ;
– des éléments naturels trouvés sur le terrain lors d'une sortie ;
– l'arrivée d'un animal dans la classe ;
– des éléments naturels observés en classe (élevage, plantation...) ;
– des phénomènes naturels (changements de saisons, orage...) ;
– un phénomène apparent du corps : « je me suis blessé, je saigne ».

• **La démarche scientifique** à l'école maternelle comprend :
– une phase d'exploration du milieu, de l'objet, de l'élément. L'enfant décrit ce qu'il voit, émet des hypothèses ;
– une phase de structuration au cours de laquelle l'enfant expérimente, analyse, compare, tente d'établir des relations. Il vérifie ses hypothèses ;
– une phase de consolidation au cours de laquelle l'enfant assimile, mémorise, s'exerce, s'approprie les nouvelles connaissances ;
– une phase d'évaluation : l'enfant utilise et réinvestit ses nouvelles connaissances dans un autre contexte.

Les sciences de la nature, de la vie et de la matière

Le domaine des sciences de la nature, de la vie et de la matière éveille la curiosité de l'enfant et le conduit vers une appropriation du monde qui l'entoure. Chaque découverte lui permet de s'interroger et d'essayer de trouver des réponses : il fait pour cela appel à ses connaissances antérieures, même si celles-ci peuvent apparaître limitées.

Dans ce domaine, de nombreux objectifs sont réalisables.

• **Les différents objectifs dans le domaine des sciences de la nature, de la vie, de la matière et quelques thèmes d'activités possibles (*en italique : les activités développées dans l'ouvrage*).**

Observer, prendre des indices, comparer : *Le ver de terre. Le poisson.*

Structurer le temps : Les saisons. Les plantations : *les glands.* La croissance. La naissance des cochons d'inde. Le soleil.

Appréhender la notion de causalité : *Le ver de terre.*

Sensibiliser à une classe animale : Les insectes. Les oiseaux.

Sensibiliser à un élément naturel : L'eau.

Découvrir un milieu : La haie. La mare.

Découvrir des phénomènes naturels : L'astronomie. La météo.

Utiliser un code : Les cartes météo (dans la presse et à la télévision).

Utiliser des documents : choisir en bibliothèque, aller à l'essentiel après avoir pris plaisir à feuilleter et regarder.

Connaître de nouveaux matériels : La loupe, la jumelle, le microscope, le binoculaire, la lunette astronomique. La balance. Le miroir.

Connaître de nouveaux matériaux : *Le papier*. La terre. La pierre.

Recréer un milieu de vie : *L'aquarium, le terrarium.*

Éveiller les sens : Voir, sentir, écouter, toucher, manger. Qui mange quoi ?

La technologie

La technologie est abordée en moyenne section avec des objets simples appartenant à l'environnement de l'enfant. Pour celui-ci, il s'agit surtout de découvrir l'objet, de le manipuler, de reconnaître son utilisation et d'imaginer son fonctionnement.

Les petits objets simples peuvent êtres fabriqués, mais à condition que la participation à son élaboration soit effective et motivante pour l'enfant.

• Les différents objectifs dans le domaine de la technologie et quelques thèmes d'activités possibles.

Découvrir des propriétés : *Les couvercles et les bouchons.* Le parapluie. Le moulin à légume. Les brosses.

Utiliser des techniques simples : *Le sablier.* Les brosses.

Comprendre des fonctionnements : *Les cafetières.* Le moulin à légume. Les brosses.

Fabriquer un objet : *Le sablier.*

Le monde des objets

Les cafetières

Objectifs :
- comparer deux objets ayant la même fonction : la fabrication du café liquide ;
- percevoir des différences fonctionnelles ;
- s'interroger sur le fonctionnement ;
- se documenter sur un élément.

Matériel :
- une cafetière électrique et une ou plusieurs cafetières manuelles de différents types ;
- un moulin à café manuel ;
- un moulin à café électrique ;
- du café moulu et du café en grains ;
- de l'eau ;
- des livres ou revues documentaires sur le café ;
- une théière ou tisanière ;
- de la menthe, de la verveine... en sachets et en fleurs et feuilles séchées.

• • Première séance

Les enfants sont en ateliers de huit à dix avec les deux sortes de cafetières. L'enseignant dirige les discussions en relançant, suggérant à bon escient. Il prend des notes.

Quand les groupes ont terminé leurs observations, le résultat est lu par l'enseignant. Les enfants comparent, rectifient.

• • Deuxième séance – Comment faire du café ?

En groupe–classe, les enfants suggèrent le fonctionnement de chaque cafetière.

Que faut-il faire pour que ça marche ? Pourquoi ça marche ? Comment faire le café ? Nécessité du filtre...

• • Troisième séance

Elle se déroule en groupe–classe.

À quoi servent les différentes parties de chaque cafetière et en quoi est faite chaque partie ? Où les achète-t-on ? Où les fabrique-t-on ?...

• • Quatrième séance

Au cours des séances précédentes, les enfants ont remarqué les différents aspects du café : poudre ou grains. L'enseignant présente au groupe–classe le café sous ses deux formes. Les enfants s'interrogent sur leur provenance, odeur, consistance, transformation... (grains, poudre, liquide).

On moud du café avec les deux sortes de moulin.

Par groupes de six ou huit, l'enseignant met à disposition des enfants des documents et organise les recherches...

• • Cinquième séance

Les enfants ont compris le fonctionnement de la cafetière et, afin de pouvoir déguster la boisson finale, l'enseignant apporte matériel et produit pour fabriquer de la tisane que les enfants pourront boire.

Une explication leur est donnée sur les effets nocifs du café chez les enfants.

Les mêmes recherches que précédemment sont faites sur :

– l'utilisation de la tisanière ;

– l'usage du filtre ou de la passoire ;

– la différence entre les sachets et les fleurs et feuilles d'origine.

• • Prolongements

Des pots à odeur opaques sont mis à disposition des enfants afin qu'ils puissent reconnaître les odeurs du café, de la menthe, de la verveine, du chocolat en poudre, de la lavande, du thym, du basilic...

Des documents leur sont également fournis pour voir les images de toutes ces plantes et, quand cela est possible, la plante elle-même.

Ils peuvent aussi trouver leur emploi dans notre alimentation.

Les couvercles et les bouchons

Objectifs : - observer des objets courants pour prendre conscience de leur fonctionnement ;
- connaître les différentes façons de fermer.

Matériel : boîtes, bouteilles, bocaux, tubes, briques, pots... Il faut au moins un conditionnement par enfant.

Préalable : Faire une collecte auprès des enfants et des familles pour récupérer des emballages qui se ferment. En écrivant le mot aux parents, faire rechercher par les enfants les différents emballages possibles : boîtes, bouteilles, bocaux, briques, pots...

• • Première séance

Observation de la collecte.

L'enseignant invite les enfants à observer et à faire des remarques par rapport à tous les objets. Les enfants nomment alors ce qu'ils voient.

L'enseignant les invite à trier les objets par catégorie. Les enfants mettent ensemble les bouteilles, les boîtes, les tubes, les briques, les bocaux, les bouteilles.

Puis l'enseignant les interroge sur leur fonction : « À quoi servent-ils ? »

Les enfants cherchent et énumèrent tout ce que l'on peut mettre dedans.

• • Deuxième séance

Manipulation.

Chaque enfant est invité à prendre un emballage en main et à le regarder. Les enfants s'amusent spontanément à ouvrir et fermer leur emballage. L'enseignant invite alors un enfant à expliquer ce qu'il fait.

L'enseignant leur pose alors la question : « *Est-ce que vous pouvez tous ouvrir votre emballage ?* »

Puis : « *Est-ce que vous pouvez tous fermer votre emballage ?* »

Puis : « *Est-ce que tous ces emballages s'ouvrent et se ferment de la même façon ?* »

Cette phase de verbalisation va permettre aux enfants d'acquérir du vocabulaire. En effet, ils vont devoir utiliser les termes de « bouchon », « couvercle », « enfoncer », « emboîter », « visser », « dévisser », « retirer »...

• • Troisième séance

Tous les emballages sont ouverts et tous les couvercles et bouchons sont mélangés dans une boîte.

Chaque enfant choisit un emballage et va devoir retrouver ce qui va lui permettre de le fermer.

L'enseignant les incite à argumenter leur choix (même couleur, présence d'un pas de vis, taille, souvenirs de la séance précédente).

Ensemble, ils classent les objets selon leur mode de fermeture puis réalisent une fiche de synthèse.

L'enseignant décide de porter l'attention des enfants sur les pas de vis.

• • Prolongements

Organisation de quatre ateliers où les enfants vont pouvoir utiliser les actions *enfoncer, emboîter, visser, dévisser*.

• Premier atelier

Matériel : des clous, des vis, des tournevis, des tournevis cruciforme, des marteaux, des vrilles et des planches en bois.

Cet atelier sera dirigé par l'enseignant et chaque enfant pourra s'exercer à utiliser le matériel proposé.

Il pourra ainsi comprendre la fonction de chaque outil et son fonctionnement.

• Deuxième atelier

Matériel : des écrous et des vis de différents diamètres.

Les enfants, lors de cet atelier autonome, chercheront à retrouver les vis et les écrous qui vont ensemble.

- **Troisième atelier**

Matériel : jeu de construction avec des écrous et des vis.

Les enfants joueront librement avec ce jeu.

- **Quatrième atelier**

Matériel : gommettes.

Les enfants chercheront dans tout le mobilier de la classe (bancs, meubles, tableau à peinture, étagères) les têtes apparentes des vis qui ont servi à leur assemblage. Ils collent une gommette sur chaque vis trouvée.

Le sablier

Objectifs : – utiliser une technique simple et en comprendre la fonction et le fonctionnement ;
– fabriquer un objet technique simple ;
– faire des observations sur un objet.

Matériel : des sabliers, des compte-minutes.

• • Première séance

Un sablier est apporté par l'enseignant pour une séance de jeu collectif avec ballon, afin que les deux équipes formées jouent la même durée lors de chaque manche.

Présentation du sablier par l'enseignant avant la séance d'APS :

- Observation par les enfants : description.

Prévoir plusieurs sabliers pour qu'ils puissent observer correctement (collecte auprès des adultes de l'école et des parents).

- Certains enfants en ont déjà vu un chez eux et peuvent exprimer sa fonction :

– pour se laver les dents, pour que ça dure longtemps ;

– pour faire cuire un œuf.

- L'enseignant donne les sabliers aux enfants pour qu'ils les manipulent et en comprennent le fonctionnement : nouveau constat.

• • Deuxième séance

Présentation des compte-minutes : un nouveau moyen pour mesurer le temps.

Faire fonctionner les compte-minutes et rechercher la durée d'écoulement d'un sablier par plusieurs essais.

Comparaison des sabliers : les enfants retournent tous en même temps leur sablier et s'aperçoivent qu'ils ont tous la même durée d'écoulement.

• • Troisième séance

Fabrication de sabliers (1re étape) et réalisation d'une fiche technique.

La forme des sabliers suggère aux enfants d'utiliser deux bouteilles.

Ils recherchent ce qu'ils pourraient mettre dedans et qu'ils ont à leur disposition dans la classe (sable, perles, eau, terre, boules de cotillons...).

• • Quatrième séance

Fabrication (2e étape).

Chaque enfant apporte deux bouteilles (elles ne sont pas toutes de la même grandeur) et essaie de fabriquer son sablier. Plusieurs questions vont émerger :

- Que mettre dedans ?
- Quelle quantité ?
- Comment faire tenir ensemble les deux bouteilles (colle, ruban adhésif...).

• • Cinquième séance

- Fonctionnement du sablier de chaque enfant.
- Nouvelles constatations :

– certains matériaux se bloquent dans le goulot des bouteilles et les enfants vont devoir trouver une solution (changer de matériaux ?) ;

– certains matériaux coulent à côté, il y a une mauvaise étanchéité entre les deux bouteilles (rectifier l'assemblage).

• • Sixième séance

Comparaison de la durée d'écoulement avec les sabliers déjà construits et ceux achetés dans le commerce.

• Apport de la notion :

– durée plus ou moins longue ;

– durée plus ou moins courte ;

– écoulement plus ou moins rapide.

• Recherche de solutions par les enfants :

– ajouter des matériaux à l'intérieur des bouteilles ;

– rétrécir le goulot.

Le sablier le plus fiable sera utilisé lors des séances d'APS lorsque deux équipes devront s'affronter (en jeux collectifs avec ballon) ou lorsque deux joueurs s'affronteront lors des jeux d'opposition.

Le monde du vivant

La peau

Objectifs : - prendre conscience que la peau est un organe en relation directe avec le monde environnant ;
- observer ses qualités ;
- se sensibiliser à la notion d'hygiène et de protection.

Matériel : une loupe par enfant.

• • Première séance - La découverte

Organisation : en groupe-classe.

Le sujet est proposé, par exemple, après qu'un enfant se soit fait une écorchure, ou à l'occasion d'une épidémie de varicelle dans l'école ou encore de la visite médicale.

L'enseignant laisse les enfants s'exprimer sur ce qu'ils connaissent de la peau : bobos, boutons, coups de soleil, couleur…

L'enseignant reprend les idées importantes pour faire émerger que la peau entoure tout notre corps et qu'elle nous protège, qu'elle est élastique, qu'elle cicatrise. Elle peut être de différentes couleurs, naturellement ou sous l'effet du soleil. Elle peut être malade : boutons, plaies, maladies.

• • Deuxième séance – Observation de la peau

Organisation : en atelier de 10 enfants avec une loupe chacun.

Si la loupe n'a pas été utilisée auparavant, laisser les enfants la manipuler pour regarder différentes choses et s'exprimer sur cette nouvelle vision.

En observant la peau de près, ils remarquent qu'elle porte des poils, des petits trous (les pores), des plis, des grains de beauté, des taches de rousseur, etc.

Ils émettent des hypothèses sur la fonction des pores. On peut facilement aborder le phénomène de transpiration en leur suggérant de faire la liste des différents éléments qui sortent de notre corps : quand on va aux toilettes, quand on pleure, quand on se mouche, quand on éternue…

Chacun fait un schéma de ce qu'il a vu avec la loupe.

• • Troisième séance – Le corps est recouvert par la peau

Organisation : en groupe-classe.

Les enfants s'interrogent sur la place de la peau sur leur corps.

Recouvre-t-elle tout le corps ?

Y en a-t-il sous les ongles ? Sous les cheveux ?

On a des cheveux sur la tête et des petits poils dans les pores ; a-t-on des poils à d'autres endroits ? Poussent-ils comme les cheveux ?

Les ongles sont-ils faits avec de la peau ? Comment sont-ils accrochés ? Quelle est leur particularité ? (Ils poussent et on doit les couper.)

Comment les cheveux sont-ils accrochés ?

Le nombril est-il fait avec de la peau ?

• • Quatrième séance – La peau, organe du toucher

Organisation : en atelier de 10 enfants.

L'enseignant propose différents matériaux et objets à manipuler : de l'ouate, une brosse en métal, une brosse en plastique, une brosse à dents, de la toile émeri de différents grains, de la soie, un miroir, des billes en verre, des billes en métal, des plumes, des peluches…

Les enfants touchent ces matières et donnent leurs impressions. Ils touchent avec leurs mains, sans penser que c'est la peau qui les renseigne. Pour les amener à réfléchir sur cet organe, l'enseignant leur demande de poser les objets sur leur joue, sur leur bras, voire sur leur pied. Le point commun à tous est la peau qui les recouvre.

Les enfants sont ensuite invités à définir la sensation qui leur plait le plus et celle qui leur plait le moins.

• • Cinquième séance – Les différentes couleurs et textures de peau

Organisation : en groupe-classe.

Cette séance a pour but de faire découvrir aux enfants que bien qu'ils soient apparemment tous constitués de la même façon, tous les enfants sont différents.

Il y a les différences :

– de couleurs de peau ;

– de fragilité de peau : certains enfants bronzent facilement et d'autres sont sujets aux coups de soleil. L'enseignant en profite pour donner des conseils de prévention : la peau est fragile, il faut la protéger ;

– d'évolution de la peau : ils comparent leur peau avec celle de la maîtresse et celle de leurs grands parents. Que constatent-ils ? Pourquoi ce changement a-t-il lieu ?

Puis l'enseignant rappelle les problèmes que peut avoir la peau :

– les boutons causés par certaines maladies ;

– les égratignures, les éraflures, les plaies, les brûlures, les coups de soleil, les cicatrices, les bosses, les bleus.

Pour chacune de ces blessures, les enfants font appel à leurs souvenirs. Pourquoi et comment est-ce arrivé ? Quels soins ont-ils reçu ? Quelle suite ces blessures ont-elles eu ?

La séance se termine par une réflexion sur les soins quotidiens qu'il est nécessaire de donner à notre peau : hygiène et protection.

Le ver de terre

Objectifs :
- observer la vie d'un petit animal ;
- découvrir un autre milieu : le monde souterrain ;
- prendre conscience des différences entre les êtres vivants ;
- trouver les différences anatomiques, physiologiques.

Matériel :
- des vers de terre ;
- un terrarium, ou tout simplement une bouteille transparente, du sable, de la terre, du terreau, des végétaux.

• • Première séance

Il est intéressant de commencer ces observations par la découverte spontanée par un enfant d'un ver de terre dans le jardin de l'école. Quand ce n'est pas le cas, l'enseignant fait remarquer la présence du petit animal dans la cour ou le jardin, par un temps humide.

Une fois le ver de terre ramassé et ramené en classe, la question est posée : « *Où peut-on le mettre ?* »

Un enfant propose un pot de yaourt vide. « *Il faut mettre un couvercle, il va se sauver. Si c'est fermé, il respire pas, on fait des trous.* »

Une discussion est engagée : certains ne savaient pas qu'il y avait des vers de terre dans la cour, d'autres l'observent, ils s'interrogent.

« *On dirait un serpent… il est long comme un serpent. Non, un serpent, c'est plus gros… Il est pas tout seul… Y'en a d'autres… Oui, sinon il s'ennuie… Il a un papa... une maman… un frère… des copains... quand il bouge, on dirait qu'il veut la bagarre… Il mord ?... Non, il a pas de bouche… Si il a une bouche, il mange...* »

L'enseignant note sur une affiche tout ce que disent les enfants.

Très peu d'enfants veulent le toucher. Ils l'observent cependant avec beaucoup d'intérêt.

Cette première phase est la phase de découverte au cours de laquelle tous les enfants s'expriment. Il est décidé de garder le ver de terre dans la classe pour mieux le connaître.

Chaque enfant fait un dessin du ver de terre.

• • Deuxième séance

Le lendemain matin, le ver de terre est toujours dans son pot, mais il ne semble pas très agité.

« *Peut-être qu'il n'est pas bien dans son pot, il aime mieux être dehors. Mais, on veut le garder, il faut lui donner à manger... le mettre dans une plus grande boîte... lui donner de la terre... de l'eau comme quand il pleut.* »

Tous les enfants sont d'accord pour le garder, mais dans quelque chose de plus grand.

L'enseignant sait qu'il y a un aquarium vide dans l'école, il le propose donc aux enfants.

« *On y met de la terre, on va la chercher dans le jardin... On met aussi des feuilles de salade...* »

Au cours de cette deuxième séance, les enfants commencent à le prendre délicatement : « *Si on sert trop, il va mourir* ». Ils découvrent que son corps est tout mou. L'enseignant explique que c'est un animal fragile et que même leurs petits doigts sont trop forts pour lui.

L'aquarium est mis en place avec toute la classe.

• • Troisième séance

Le lendemain, les enfants remarquent qu'ils ne voient plus le ver de terre. Où est-il passé ? Ils l'appellent. « *Il peut pas entendre sous la terre. Il a peur. Il fait tout noir.* » Un enfant se propose d'aller fouiller dans la terre pour le chercher. Mais il se rend compte que, maintenant, la terre est toute sèche alors que la veille « *elle était collante, car elle était avec de l'eau dedans* ».

« *Il faut lui mettre de l'eau.* » Il finit par trouver le ver de terre, mais il est encore moins vigoureux que la veille « *Il veut de l'eau.* » Il est donc décidé de mouiller la terre.

• • Quatrième séance

Par groupes de quatre ou cinq, les enfants observent, imaginent et commentent :

« *Il a des yeux ? Dans la terre, il fait noir, il peut pas voir. Mais des fois, il est dehors, on l'a trouvé dehors. Alors il a des yeux pour voir dehors. On peut lui demander. Mais non, on voit pas sa bouche, il ne parle pas, ça mord un ver de terre ? Mais non, c'est pas méchant... Il a pas de dent. On voit pas sa tête. Il mange de la terre et des feuilles.* »

Chaque groupe d'enfants s'exprime. L'enseignant prend des notes.

Puis il rapporte tous les commentaires au groupe–classe. Une discussion suit.

L'enseignant propose que chacun dessine un ver de terre avec tout ce qu'il pense connaître de lui.

• • Cinquième séance

Par groupes de huit, les enfants vont observer d'autres vers de terre apporté par l'enseignant. Ils utilisent la loupe et remarquent alors qu'il a une bouche minuscule ; ils voient aussi du « rouge dans un tuyau », qu'un enfant compare à son sang.

Les enfants racontent alors tous leur vécu concernant le sang : les coupures, les chutes, les prises de sang. « *Il va où mon sang ? Il est aussi dans un tuyau ?* »

D'autres questions fusent : « *Il a des os ? Non, les os, c'est dur, il est tout mou. Et des muscles ? Il n'a pas de jambes, ni de bras. Comment il fait pour attraper ?* »...

Chaque enfant pose un ver de terre dans la paume de sa main et constate qu'en se déplaçant, il chatouille. « *Il a comme des petits poils. C'est des toutes petites pattes.* »

L'enseignant peut expliquer qu'on les appelle des soies et que ce sont des poils raides qui aident le ver à avancer sous et sur la terre.

Avec la loupe, ils observent également les déplacements du ver de terre : il contracte et étire ses muscles.

Les enfants l'observent :

– se déplacer sur un plan horizontal ;

– se déplacer sur un plan incliné ;

– sortir du sol si on imite la pluie en faisant tomber des gouttes d'eau sur l'aquarium.

Les enfants dessinent le ver de terre en déplacement et avec leurs nouvelles observations.

• • Sixième séance

Que peuvent faire les vers sous la terre ? « *On peut pas savoir, on voit pas.* »

L'enseignant propose de faire une expérience en installant différentes sortes de matériaux dans l'aquarium, comme ci-dessous.

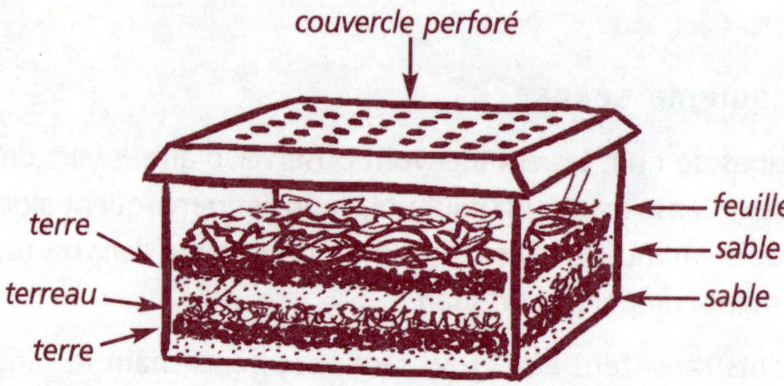

Les enfants participent à l'aménagement. Le lombricarium est recouvert d'un tissu noir. Puis ils dessinent l'aquarium avec ses différentes couches – l'enseignant leur recommande de bien le dessiner car le lendemain, ils pourront comparer ce qu'ils verront avec leur dessin.

L'enseignant leur demande de trouver et d'apporter en classe le plus de renseignements sur le petit animal. Par exemple, le hors-série n° 5 de la revue *Wakou*, « Cherche la petite bête », Éd. Milan Presse.

• • Septième séance

Le lendemain matin, les enfants observent la transformation en comparant les vers avec leur dessin. Ils en déduisent que, pendant leur absence, les vers de terre se sont promenés dans tout l'aquarium et ont mélangé toutes les couches. L'enseignant explique que les jardiniers aiment bien les vers de terre, car en remuant la terre, ils donnent de l'air aux graines et aident les plantes à pousser. Les enfants remarquent aussi des tortillons de terre sur le dessus de l'aquarium. « *Ils ont fait des petits tas de terre. Quand ils mangent, peut-être qu'ils crachent.* » Ces tas de terre s'appellent des turricules.

En mouillant un peu plus la terre, et avec un peu de chance, on peut voir un des vers faire gicler de la terre mouillée d'une de ses extrémités. Les enfants en concluent qu'« *il fait caca de la terre et que peut-être que les tortillons, c'est du caca.* »

Puis tous les documents et renseignements apportés par les enfants sont mis en commun et exploités en groupe–classe.

Un nouveau dessin de l'aquarium est réalisé.

• • Huitième séance

Les vacances arrivant, la classe s'interroge sur le devenir des nouveaux habitants. Les vers de terre sont retirés de l'aquarium. Par groupe de huit, les enfants posent un ou deux vers sur une feuille. On décide de réaliser un dessin le plus précis du ver de terre en faisant une synthèse de toutes les observations, commentaires et recherches pour le garder en souvenir et le coller dans le livret « Découvrir le monde ». Une synthèse est faite avec les propos recueillis par l'enseignant sur l'affiche pendant toutes ces séances.

Les vers de terre sont remis dans le jardin.

• • Neuvième séance

Évaluation : les enfants ont maintenant un plus grand appétit de connaissance, ils s'interrogent et interrogent l'enseignant sur tout ce qui les entoure, ils recherchent des explications, émettent des hypothèses – que l'enseignant tente de leur faire vérifier – et ils arrivent à tirer quelques conclusions.

• • Prolongements

Rechercher d'autres petites bêtes dans la cour : coccinelle, araignée, fourmi, escargot.

Les comparer, trouver des similitudes ou pas, arriver à classer certaines grandes familles d'animaux (par exemple, les insectes).

Les poissons

Objectifs :
- observer ;
- constater ;
- s'interroger ;
- comparer ;
- représenter des animaux.
- mieux connaître les poissons : leur lieu de vie, leur respiration, leur alimentation, leur mode de déplacement, etc.

• Préparation par l'enseignant de la sortie à l'aquarium

– L'enseignant prend rendez-vous avec l'aquarium.

– Il se rend à l'aquarium afin d'obtenir des documents : l'affiche sur l'exposition ; le livret de l'exposition ; des cartes postales, des livres ; le plan de l'exposition.

– Il fait la visite et repère ce qu'il y a d'intéressant à regarder dans le cadre de son projet.

– Il se documente sur les poissons.

– Il réalise un livret pour guider les enfants dans leur découverte.

– Il cherche des accompagnateurs et les prépare à la sortie : il leur donne le livret et les réponses, le plan avec l'emplacement des différents animaux à repérer, leur transmet les premières questions des enfants et leur donne la liste des enfants qu'ils encadreront.

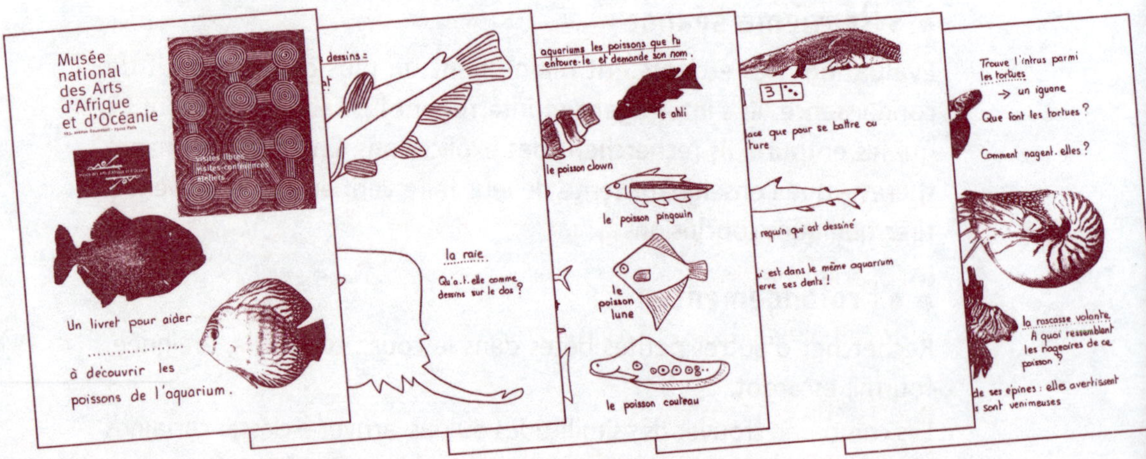

• • Première séance – L'affiche puzzle

À l'aide de l'affiche puzzle, les enfants vont découvrir progressivement l'endroit où ils vont aller : sur l'affiche de l'aquarium, l'enseignant a placé des caches qu'il enlèvera au fur et à mesure.

L'enseignant enlève d'abord les caches qui masquent le décor et les couleurs ; les enfants émettent des hypothèses : « *Le vert c'est les arbres, des plantes, la jungle. Le jaune c'est les cailloux, le sable, la mer.* »

L'enseignant enlève le morceau qui cache le titre. Les enfants trouvent que c'est le nom de l'endroit où ils vont aller mais ils ne savent pas le lire.

L'enseignant enlève ensuite progressivement les morceaux qui cachent le poisson. Cela va leur permettre de s'exprimer sur l'anatomie du poisson, grâce à des détails. Puis ils essaient de découvrir, sous les autres caches, d'autres détails qui leur feraient découvrir le lieu. Ils en déduisent qu'ils iront voir des poissons au zoo. L'enseignant rectifie en disant que ce lieu s'appelle un aquarium, mais qu'en fait, c'est un musée composé de plusieurs aquariums.

• • Deuxième séance

L'enseignant demande aux enfants de dessiner un poisson.

Il les invite à discuter entre eux pour s'entraider ; les enfants, lors de la réalisation de leur dessin, se posent quelques questions que l'enseignant note. Cette séance permet de connaître leurs premières représentations mentales et de faire émerger les premières questions.

La sortie leur fournira les réponses.

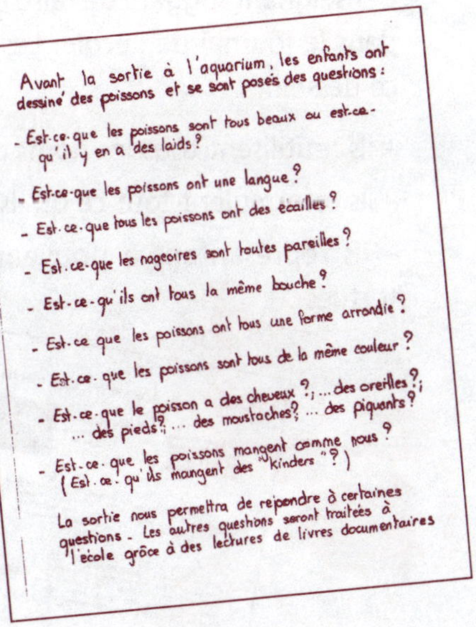
Avant la sortie à l'aquarium, les enfants ont dessiné des poissons et se sont posés des questions :

- Est-ce-que les poissons sont tous beaux ou est-ce-qu'il y en a des laids ?
- Est-ce-que les poissons ont une langue ?
- Est-ce-que tous les poissons ont des écailles ?
- Est-ce-que les nageoires sont toutes pareilles ?
- Est-ce-qu'ils ont tous la même bouche ?
- Est-ce que les poissons ont tous une forme arrondie ?
- Est-ce-que les poissons sont tous de la même couleur ?
- Est-ce-que le poisson a des cheveux ? ; ... des oreilles ? ; ... des pieds ? ; ... des moustaches ? ; ... des piquants ?
- Est-ce-que les poissons mangent comme nous ? (Est-ce-qu'ils mangent des "kinders" ?)

La sortie nous permettra de réjpondre à certaines questions. Les autres questions seront traitées à l'école grâce à des lectures de livres documentaires

• • Troisième séance

Présentation du livret aux enfants pour qu'ils en connaissent le contenu.

Ils en possèdent chacun un et essaient de chercher des indices pour deviner les images et le contenu des écrits.

L'enseignant complète leur recherche dans l'écrit.

Ils collent leur étiquette-prénom sur la couverture.

• • Quatrième séance - La visite à l'aquarium

Chaque groupe est accompagné d'un adulte. Les enfants ont pour consigne de bien observer et de remplir leur livret avec son aide.

• • Cinquième séance

En classe, chacun vient présenter son livret avec ses réponses. On les compare. L'enseignant reprend les questions que les enfants se posaient avant la visite, pour vérifier qu'ils ont trouvé toutes les réponses au cours de la visite. Sinon, les albums documentaires peuvent aider à y répondre.

• • Sixième séance

L'enseignant suggère de faire un compte rendu de la visite pour mettre dans le journal de l'école. Les enfants lui dictent le contenu. Et dans ce dessein :

– ils réutilisent tous les noms des animaux qu'ils ont vus ;

– ils reformulent tout ce qu'ils ont appris sur eux ;

– ils représentent à nouveau des poissons : murènes, crocodiles, tortues...

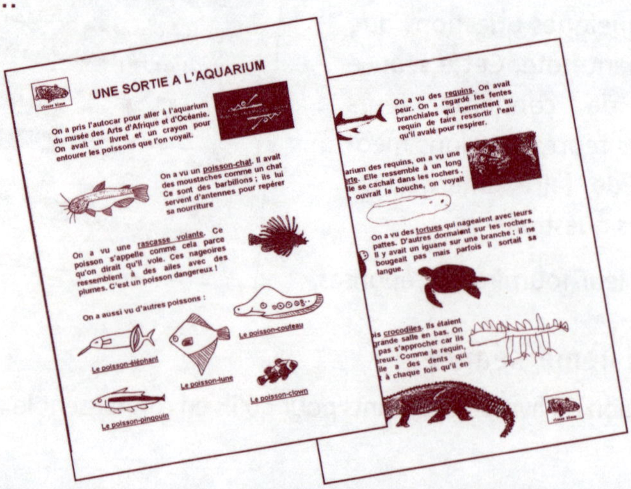

UNE SORTIE A L'AQUARIUM

On a pris l'autocar pour aller à l'aquarium du musée des Arts d'Afrique et d'Océanie. On avait un livret et un crayon pour entourer les poissons que l'on voyait.

On a vu un poisson-chat. Il avait des moustaches comme un chat Ce sont des barbillons ; ils lui servent d'antennes pour repérer sa nourriture

On a vu une rascasse volante. Ce poisson s'appelle comme cela parce qu'on dirait qu'il vole. Ces nageoires ressemblent à des ailes avec des plumes. C'est un poisson dangereux !

On a aussi vu d'autres poissons :

Le poisson-couteau

Le poisson-éléphant

Le poisson-lune

Le poisson-clown

Le poisson-pingouin

On a vu des requins. On avait peur. On a regardé les fentes branchiales qui permettent au requin de faire ressortir l'eau qu'il avalé pour respirer.

...arium des requins, on a vu une ...rte. Elle ressemble à un long ...le se cachait dans les rochers. ... ouvrait la bouche, on voyait

On a vu des tortues qui nageaient avec leurs pattes. D'autres dormaient sur les rochers. Il y avait un iguane sur une branche ; il ne bougeait pas mais parfois il sortait sa langue.

...is crocodiles. Ils étaient ...grande salle en bas. On ... pas s'approcher car ils ...reux. Comme le requin, ...ile a des dents qui ... à chaque fois qu'il en

• • Septième séance

On émet le projet d'installer un aquarium dans la classe.

Les enfants réfléchissent au matériel dont ils auront besoin pour accueillir un poisson dans la classe.

• • Huitième séance

On réalise un document sur cette installation

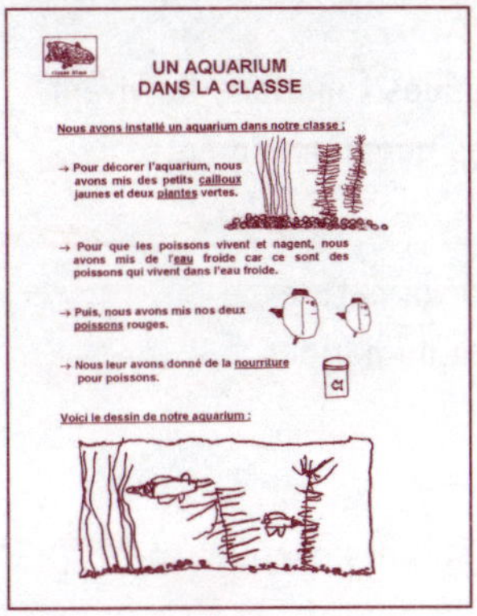

UN AQUARIUM
DANS LA CLASSE

Nous avons installé un aquarium dans notre classe :

→ Pour décorer l'aquarium, nous avons mis des petits cailloux jaunes et deux plantes vertes.

→ Pour que les poissons vivent et nagent, nous avons mis de l'eau froide car ce sont des poissons qui vivent dans l'eau froide.

→ Puis, nous avons mis nos deux poissons rouges.

→ Nous leur avons donné de la nourriture pour poissons.

Voici le dessin de notre aquarium :

• • Neuvième séance

Les enfants recherchent avec l'enseignant les réponses à leurs dernières questions : ils regardent dans les livres et demandent à leurs parents. L'enseignant apporte un poisson acheté chez le poissonnier pour que les enfants puissent le toucher. La notion de vie et de mort est abordée d'une façon prudente.

Un nouveau compte rendu est fait pour le journal de l'école.

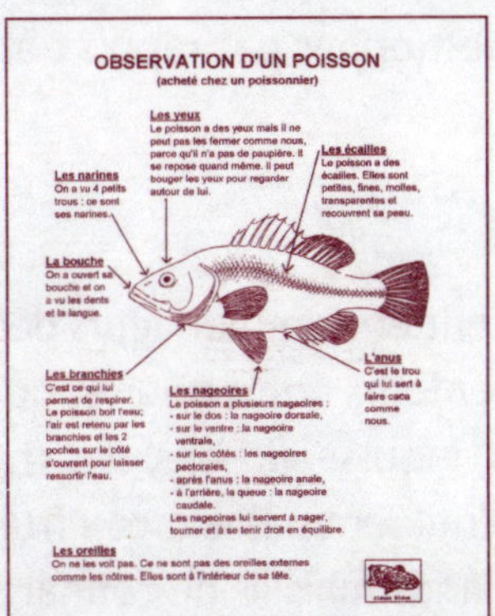

OBSERVATION D'UN POISSON
(acheté chez un poissonnier)

Les yeux
Le poisson a des yeux mais il ne peut pas les fermer comme nous, parce qu'il n'a pas de paupière. Il se repose quand même. Il peut bouger les yeux pour regarder autour de lui.

Les narines
On a vu 4 petits trous : ce sont ses narines.

Les écailles
Le poisson a des écailles. Elles sont petites, fines, molles, transparentes et recouvrent sa peau.

La bouche
On a ouvert sa bouche et on a vu les dents et la langue.

Les branchies
C'est ce qui lui permet de respirer. Le poisson boit l'eau; l'air est retenu par les branchies et les 2 poches sur le côté s'ouvrent pour laisser ressortir l'eau.

Les nageoires
Le poisson a plusieurs nageoires :
- sur le dos : la nageoire dorsale,
- sur le ventre : la nageoire ventrale,
- sur les côtés : les nageoires pectorales,
- après l'anus : la nageoire anale,
- à l'arrière, la queue : la nageoire caudale.
Les nageoires lui servent à nager, tourner et à se tenir droit en équilibre.

L'anus
C'est le trou qui lui sert à faire caca comme nous.

Les oreilles
On ne les voit pas. Ce ne sont pas des oreilles externes comme les nôtres. Elles sont à l'intérieur de sa tête.

• • Dixième séance

Pour conclure cette recherche, les enfants dessinent un poisson le plus fidèlement possible et avec les toutes nouvelles connaissances qu'ils en ont. Le dessin est collé dans le livret de sciences.

Les glands

Objectifs : - découverte, observation et description d'un élément naturel : un gland ;
- première approche des grandes fonctions du vivant.
- recherche de réponse à des questionnements.

Matériel : - des glands ;
- des livres documentaires sur la nature ;
- une fiche sur la germination du haricot ;
- des pots ;
- de la terre.

Préalable Lors d'une sortie en forêt, les enfants découvrent ce milieu naturel.

Chaque enfant a un sac en plastique, dans lequel il peut collecter les trésors qu'il ramasse. Les enfants sont répartis par groupes et sont accompagnés d'un adulte. Son rôle est de d'inciter chaque enfant à dire :

– pourquoi il veut ramasser ce trésor ;

– ce qu'il en connaît ;

– où il l'a trouvé (une photo peut être prise par l'accompagnateur).

Le rôle de l'adulte n'est pas de répondre aux questions des enfants mais de les inciter à mieux observer et à se questionner par rapport à leur découverte et à chercher des réponses.

• • Première séance

De retour en classe, tous les enfants mettent en commun leurs découvertes en essayant de les trier et de trouver leurs noms pour étiqueter les boîtes (écorces, feuilles, bouts de bois, mousse, lichens, des choses qui poussent dans les arbres : les enfants n'utilisent pas le mot « fruit »). De nombreux enfants ont ramassé des glands mais ils ne connaissent pas le nom. Néanmoins, ils savent « *qu'il y en avait par terre, au pied d'un grand arbre, qu'il y en avait beaucoup, que certains étaient cachés sous les feuilles et qu'il y en avait aussi un peu dans l'arbre* ».

Toutes ces remarques sont notées par l'enseignant sur une grande affiche.

En attendant le moment où les enfants seront prêts à planter les glands, l'enseignant, afin de les conserver, prendra soin chaque soir de les pulvériser avec de l'eau et de les recouvrir d'un film plastique.

• • Deuxième séance

Observation des glands et verbalisation des constatations :

« *Certains ont une petite tige qui sort et d'autre non.* »

« *Certains ont des petits trous et d'autres non.* »

« *Certains sont cassés.* » (Ceux-là sont mis à la poubelle par les enfants.)

« *Ils sont marron foncé.* »

« *À un bout, ça pique et à l'autre, ça pique pas mais il y a un petit rond.* »

« *Certains ont comme un petit chapeau.* »

Toutes les constatations sont écrites sur une affiche synthèse. Les enfants sont invités à dessiner ce trésor. Mais ils ne savent toujours pas ce que c'est ! Il est décidé, pour la prochaine séance, d'aller chercher des informations dans la bibliothèque de l'école.

• • Troisième séance

Recherches dans la bibliothèque pour trouver des informations sur le trésor.

L'enseignant interroge les enfants pour savoir dans quels types de livres il va falloir chercher. Les enfants fréquentent régulièrement la bibliothèque et ils savent qu'il faut s'orienter vers les livres documentaires sur la nature. L'enseignant aura auparavant fait des recherches dans les livres afin d'être sûr que les enfants vont trouver des réponses et des documents sur les glands, sinon il faudra qu'il en achète.

• • Quatrième séance

Lecture des documents trouvés.

Grâce aux livres, les enfants découvrent que : « *Nos trésors s'appellent des glands ; ce sont les fruits d'un arbre qui s'appelle le chêne ; le petit chapeau s'appelle une cupule et la queue au bout sert à faire tenir le gland à la branche.* »

Comparaison avec d'autres fruits :

« *C'est un fruit qui ne se mange pas.* »

« *Il a une petite queue comme la pomme.* »

Synthèse écrite :

Les découvertes sont écrites sur une nouvelle affiche. Les enfants sont invités à faire un nouveau dessin en essayant de faire apparaître le plus de détails possibles. L'enseignant, sous la dictée des enfants, annote chaque dessin avec les mots nouveaux que l'on vient de découvrir.

• • Cinquième séance

Apport d'un document par l'enseignant sur la germination du haricot.

Les enfants font le rapprochement avec le gland grâce à la « *petite tige* ».

Ils peuvent donc dire que, comme pour le haricot :

– la tige est une racine ;

– le fruit sert à faire pousser la plante.

L'idée est lancée de planter des glands pour faire pousser des chênes. Les enfants réfléchissent au matériel dont ils vont avoir besoin : de la terre et des pots. L'enseignant se propose de leur amener le matériel dès le lendemain.

• • Sixième séance

Plantation des glands.

Chaque enfant met de la terre dans un pot, plante un gland et arrose comme il était précisé sur la fiche du haricot.

L'enseignant laisse les enfants libres de faire comme ils veulent.

Chaque enfant dessine ensuite ce qu'il vient de réaliser.

• • Septième séance et suivantes

Observation de la pousse des glands et réalisation de dessins à chaque étape.

• • Dernière séance

Constatation : certains glands ont poussé et d'autres pas. Pourquoi ?

Écoute des représentations des enfants :

« *Il a eu trop d'eau.* »
« *Il n'en a pas eu assez.* »
« *Il n'y a pas de gland au fond du pot parce que quelqu'un est venu le prendre.* »
« *Il n'avait pas envie de grandir.* »
« *Il dort.* »
Comment savoir ce qui se passe ?
« *Il faut regarder.* »
« *Il faut le secouer pour le réveiller.* »
« *Il faut le retirer de la terre.* »
Constatation d'un petit trou :
« *Il a été mangé par un petit ver, comme la pomme l'autre jour.* »
Comment vérifier ?
« *Il faut regarder dedans.* »
« *Il faut l'ouvrir.* »
« *Il faut regarder dans la terre.* »

Autre constatation : un des glands a bien poussé. Pourquoi ?
Écoute des représentations des enfants :
« *Il a bien mangé.* »
« *Il a bien bu son eau.* »
« *Il n'a pas de bouche, alors il ne peut pas manger et boire.* »
« *Il a peut-être une bouche dans la terre.* »
Comment le savoir ?
« *Il faut regarder dans la terre.* »
« *Il faut le retirer de la terre pour savoir.* »
Découverte des racines :
« *Il n'a pas de bouche comme nous.* »
« *C'est avec ça qu'il peut boire, c'est comme des pailles.* »
« *Ce sont les racines !* »

D'autres constats pourraient encore être faits :
– Il se penche vers la fenêtre. Pourquoi ?
– Il a perdu ses feuilles. Pourquoi ?

• Prolongements

Faire d'autres plantations : des jacinthes, des noyaux d'avocat, des pépins…

Le monde de la matière

Le papier

Objectifs :
- faire des observations sur des matériaux courants ;
- agir sur ces matériaux de différentes façons afin de reconnaître leurs propriétés ;
- connaître la fabrication du papier.

Matériel :
- différentes sortes de papier (dessin, crépon, canson, carton, soie, cristal, journal, aluminium, sulfurisé, kraft, glacé, carbone, à lettres, de verre, peint, absorbant, hygiénique, cadeau, japon, recyclé) ;
- *L'Histoire de la feuille de papier*, O. Limousin, coll. « Découverte Benjamin », Gallimard Jeunesse, 1984, et sa photocopie agrandie de la fiche de fabrication du papier ;
- feuilles ;
- affiches sur le recyclage de papier ;
- colle ;
- ciseaux.

• Première séance - Présentation du projet et organisation de la collecte

L'enseignant profite qu'un enfant confonde un mouchoir en papier et une feuille de papier pour faire découvrir aux enfants les nombreuses sortes de papier.

Il organise une collecte de papier dans la classe, dans la réserve à matériel. L'enseignant insiste auprès des enfants pour qu'ils essaient de trouver différentes catégories de papier.

L'enseignant écrit une lettre aux parents pour leur annoncer le projet et pour qu'ils aident leur enfant à collecter, chez eux, différentes sortes de papier.

• • Deuxième séance - Observation de la collecte

• Essayer de trouver les noms de chaque papier.

• Essayer de constater des particularités grâce à nos sens (couleur, épaisseur, transparence, toucher, aspect).

• Essayer de reconnaître un papier grâce à nos sens : l'enseignant organise des jeux où les enfants sont conviés à identifier un papier :

– en le touchant. L'enseignant choisit des papiers facilement identifiables (papier de verre, papier crépon, papier hygiénique...) ;

– en écoutant le bruit produit quand il est froissé (papier aluminium, papier journal).

Ces jeux aident l'enfant à mémoriser leur nom.

• • Troisième séance - Rappel des noms et fonctions de ces papiers

Les enfants essaient de se souvenir des noms de chacun des papiers.

L'enseignant interroge les enfants sur la fonction de chacun d'entre eux : « *À quoi servent ces papiers ?* ».

Ils servent à écrire, décorer, emballer, bricoler, essuyer. Les enfants classent les papiers dans différentes catégories selon leur fonction.

• • Quatrième séance - Des actions sur le papier

Lors de cette séance, l'enseignant demande aux enfants de manipuler ces papiers et d'en observer les effets.

Ils essaient de le :

– couper (facile ou non) ;

– plier (reste plié ou non) ;

– chiffonner (reste chiffonné ou non) ;

– mouiller (absorbe ou non, se déchire ou non) ;

– déchirer (découverte du sens du papier).

Ces réponses sont organisées dans un tableau à double entrée.

• • Cinquième séance - Création d'une collection personnelle de papier

Les enfants prélèvent un morceau de chaque papier. Ils essaient de trouver son nom et sa fonction, puis ils le collent sur leur feuille. La règle est de ne pas prendre deux fois le même papier.

• • Sixième séance - Recherche dans la bibliothèque

Ils cherchent dans la bibliothèque des documents sur la fabrication du papier.

Les enfants doivent retrouver le livre : *L'Histoire de la feuille de papier* d'Odile Limousin, coll. « Découverte Benjamin », Gallimard Jeunesse, 1984. Ils cherchent.

L'enseignant leur lit ce livre documentaire.

• • Septième séance - Fabrication du papier

Lecture de la fiche de fabrication du papier et réalisation des actions proposées.

• • Huitième séance - Sensibilisation à la préservation de l'environnement

Lecture des prospectus et affiches sur le recyclage du papier.

Repérage sur des emballages du logo annonçant la possibilité de recycler le matériau.

• • Prolongements

En arts plastiques, on reprend les différentes actions sur la papier afin d'en faire une production (déchirer, chiffonner, froisser, couper, plier, coller, fabriquer du papier mâché).

L'enseignant présente aux enfants des œuvres d'artistes réalisées à base de collages (Matisse, Picasso, Chaissac...).

Chapitre 6

Imaginer, sentir, créer

Les arts plastiques

• Les Instructions officielles de 1995 nous rappellent que : « *À l'école maternelle, l'enfant développe sa sensibilité, son imagination et sa capacité de créer, ses facultés d'attention et de concentration, son esprit critique et son aptitude à exprimer des goûts et des choix.*

L'éducation artistique met en œuvre des démarches actives qui s'inscrivent dans une relation constante entre voir, entendre, faire, ressentir, échanger.

Il s'agit d'amener les enfants à rencontrer les arts, à éprouver des émotions. Il s'agit de leur donner les moyens de pratiquer des activités artistiques… »

• Comme il est écrit dans les Instructions officielles, l'école maternelle est le lieu où l'enfant va entrer en contact, souvent pour la première fois, avec des créations et des activités artistiques.

Le rôle de l'enseignant est de lui proposer des outils, de la matière, des objets, qui lui permettent de s'exprimer, de s'exercer, de réaliser, d'imaginer des productions.

• Les activités d'arts plastiques permettent à l'enfant de 4-5 ans :

– d'acquérir les conduites motrices face à la matière et à l'outil ;

– de prendre conscience du geste ;

– d'affiner ce geste ;

– de prendre plaisir à laisser sa trace ;

– de prendre plaisir à découvrir puis maîtriser matière et matériaux.

– de découvrir des œuvres d'art, de connaître des artistes en visitant des musées, des ateliers, ou en regardant des reproductions.

Il les façonne, malaxe, manipule, modèle, palpe, pétrit, tâte, touche, triture et patouille !

Dans ce but, l'enseignant propose :

• **des matériaux divers :** gouache liquide ou plus épaisse, encre, terre, pâte à sel, pâte à modeler, papiers divers ;

• **des outils :**

Outre les mains et les doigts des enfants – ce sont les premiers outils – on s'équipera des outils suivants :

– éponges, rouleaux, pinceaux à poils durs ou pinceaux brosse, pinceaux de toute grosseur (difficulté d'utilisation en début d'année, les utiliser au 3e trimestre),

– matériel détourné : petites voitures, duplo, balles de ping-pong, abaisse-langue, fourchettes en plastique... ;

– matériel fabriqué par l'enseignant : peigne à grosses dents, fabriqué dans du carton fort, pochoirs, tampons (par exemple, des blocs logiques, collés au bout de bâtons),

– crayons : feutres, de couleur, à bille,

– différentes craies,

– outils pour le modelage,

– outils pour faire du volume en papier (mains et colle) ;

• **des supports :** papiers de tout format, couleur, forme et texture ;

• **des positions des plans de travail :** verticale, horizontale, inclinée, sur une table ou au sol.

Le visage

Objectifs :

- travailler sur le schéma corporel : les différentes parties du visage ;
- représenter le visage de différentes façons en utilisant différentes techniques (graphisme, peinture, modelage, collage) et différents matériaux.

Matériel :

- crayons graphite, craies de couleur, crayons de couleur, crayons feutre, colle, ciseaux, pinceaux, brosses, rouleaux, objets pour faire des empreintes (bouchons, éponges, papiers, tissus...) ;

- miroirs, papier calque, photos des enfants, photocopie, magazine, livres d'art, peinture, terre, pâte à modeler, pâte à sel, feuilles, papiers de différentes sortes ;
- éléments naturels (fruits divers, feuilles, bâtons, coquillages, sable...), aliments en plastique du coin cuisine, objets de la classe.

Préalables D'une part, lors d'une sortie au musée, les enfants ont découvert, parmi les œuvres de Marc Chagall, ses autoportraits (*Autoportraits aux sept doigts*). D'autre part, un photographe est venu les photographier. Ensemble, il est donc décidé de travailler sur le visage.

• • Première séance - Observation et verbalisation autour du visage

Les enfants sont invités à se **regarder** entre eux, puis à se regarder individuellement dans des miroirs.

Toucher : ils effleurent chaque partie de leur visage pour en sentir le toucher, la forme, le relief.

Nommer chaque partie du visage : ils se mettent par deux ; l'un dessine le contour de chaque partie du visage de l'autre ; l'autre, les yeux fermés, nomme chaque partie touchée.

Décrire chaque partie du visage et se **comparer** pour constater les différences.

Exemple : les cheveux
• longueur (longs, mi-longs, courts) ;
• couleur (blonds, bruns, châtains, roux) ;
• forme : (frisés, raides, ondulés).

Faire de même pour la peau, les yeux, les sourcils, la bouche, le front, les joues, le menton, les oreilles et le nez.

La séance se termine par des grimaces pour essayer de faire bouger toutes les parties du visage.

• • Deuxième séance - Production libre : dessiner son visage

L'enseignant laisse les enfants choisir librement leur matériel. Il leur donne les miroirs pour qu'ils puissent encore se regarder.

• **Analyse des productions**

Lors de cette analyse, les enfants et l'enseignant discutent des couleurs, du choix des outils, des tracés, de la fidélité par rapport au modèle et de l'organisation de l'espace-feuille.

L'enseignant notera les réflexions des enfants.

• • Troisième séance - Recherche sur le tracé des éléments du visage

L'enseignant relira aux enfants les notes prises lors de la deuxième séance à propos du réalisme dans le tracé.

Les enfants seront invités à refaire une production en tenant compte de ces réflexions et, pour qu'ils se concentrent sur le tracé, l'enseignant ne leur proposera que des crayons graphite.

À la suite des productions, une analyse en sera faite : c'est ainsi que les enfants pourront voir les différentes façons qu'ils ont trouvées pour dessiner chaque partie du visage.

• • Quatrième séance - Un travail à partir des photographies

L'enseignant photocopie les portraits des enfants réalisés par le photographe.

Il les recouvre ensuite d'une feuille de papier calque et les enfants sont invités, à l'aide d'un feutre noir, à retracer leur visage.

Au moment de la synthèse de l'activité, un jeu est proposé aux enfants : ils doivent réunir le dessin et la photocopie.

• • Cinquième séance - Recherche sur la couleur de la peau

L'enseignant organise deux ateliers :

– dans le premier atelier, les enfants ont des craies de couleur et, parmi celles-ci, ils doivent essayer de retrouver la couleur de leur peau. L'enseignant leur fait découvrir la technique de l'estompage ;

– dans le deuxième atelier, les enfants ont des magazines et ils découpent des morceaux de la couleur de leur peau.

• • Sixième séance - Prise en compte des recherches

Les enfants réalisent leur portrait en utilisant toutes les découvertes des séances précédentes.

• • Septième séance - Recherche dans la bibliothèque

Différentes représentations du visage en peinture, en sculpture ou en collages (Arcimboldo, Van Gogh, Rodin, Modigliani, Brancusi, Chaissac, Picasso, Warhol...) sont cherchées dans les livres d'art.

Les représentations préférées des enfants sont scannées afin d'être affichées dans le coin « peinture ».

• • Huitième séance - Atelier libre

Les enfants choisissent de travailler à la manière d'un artiste, et c'est donc librement qu'ils choisiront leur atelier et leur matériel.

• L'atelier collage

Les enfants réalisent une collection d'un type de matériau et les disposent de façon à réaliser un visage.

Cette production pourra, selon le choix du matériau, être collée ou photographiée.

Exemples :
- éléments naturels (fruits divers, feuilles, bâtons, coquillages, sable...) ;
- objets de la classe (feutres, ciseaux, pinceaux, feuilles...) ;
- aliments en plastique du coin « cuisine » ;
- papiers de différentes sortes ;
- découpage d'une sorte d'objet, ou de plusieurs, dans les magazines (voitures, parfums, aliments...).

• L'atelier peinture

Les enfants choisissent leur feuille (la couleur, le format), le matériel qu'ils utilisent (pinceaux, brosses, rouleaux, objets pour faire des empreintes : bouchons, éponges, papiers, tissus...) et les couleurs de peinture.

Ils réalisent librement leur portrait.

• **L'atelier modelage**

Les enfants réalisent leur visage en terre, en pâte à modeler ou en pâte à sel.

Le tableau vivant

Objectifs :
- sensibiliser l'enfant à l'œuvre d'art ;
- enrichir le vocabulaire ;
- développer l'utilisation des cinq sens.

Matériel :
- des cartes postales représentant des œuvres d'art ; des reproductions de format A4 d'œuvres d'art. Ce matériel se trouve dans les musées, dans les revues pédagogiques ou les revues d'art ;
- un lieu : le musée ;
- des crayons de couleur, une plaque rigide de format A4 par enfant, du papier à dessin, du matériel de peinture.

• • Première séance

Les enfants ont à leur disposition des cartes postales reproduisant des œuvres picturales. Ils les manipulent, les observent, les échangent entre eux et avec l'enseignant. Ceux qui le désirent présentent une carte postale à l'ensemble de la classe en donnant des explications personnelles.

• • Deuxième séance

Le même matériel est proposé avec, cette fois, une carte pour deux enfants. Ils doivent inventer une histoire à partir de l'image. L'enseignant passe de groupe en groupe pour encourager, solliciter, questionner. Un rapporteur par groupe raconte l'histoire de la carte postale.

• • Troisième séance

Trois ou quatre reproductions de format A4 sont proposées à l'ensemble de la classe. Pour chaque reproduction, les enfants cherchent ce qu'ils entendraient, toucheraient, goûteraient, sentiraient, verraient s'ils entraient dans le tableau.

• • Quatrième séance

Avec les mêmes reproductions, individuellement ou par groupes de trois ou quatre, les enfants inventent ce qui se passerait s'ils entraient dans le tableau. Chaque rapporteur raconte son histoire.

• • Cinquième séance

Avec trois ou quatre reproductions, l'ensemble de la classe cherche les couleurs utilisées par les peintres, observe s'ils ont peint des traits, des points, des taches...

• • Sixième séance

Dans l'atelier de peinture, un groupe d'enfants peint une production personnelle.

• • Septième séance

La classe visite un musée.

L'enseignant aura, auparavant, visité le lieu et choisi les œuvres à montrer aux enfants. Chaque groupe de 4 ou 5 enfants, accompagné d'un adulte (parent, ASTEM, enseignant), traverse quelques salles du musée puis se dirige vers une œuvre, l'observe en utilisant la pratique des cinq sens (voir les séances 3, 4 et 5). L'adulte distribue ensuite les plaques rigides avec le papier à dessin, les crayons de couleur. Chaque enfant dessine devant le tableau. Il peut imiter, inventer, déformer.

La visite dans un musée ne doit pas dépasser 1 h 30.

• • Huitième séance et suivantes

Les enfants, de retour en classe, dessinent, peignent en se souvenant, en inventant. Ces travaux peuvent, par beau temps, être réalisés en extérieur, en utilisant des chevalets ; ainsi le sujet choisi peut être pris sur le vif.

Un artiste : Jean Dubuffet

Objectifs : – développer la sensibilité, l'observation, l'imagination de l'enfant ;

– familiariser l'enfant à l'œuvre d'un artiste en lui permettant de visiter un lieu de création artistique ;

– enrichir son univers culturel.

Matériel : une affiche de la sortie (affiche de la Closerie Falbala, Ruelle aux chevaux, 94520 Périgny-sur-Yerres ; secrétariat 137, rue de Sèvres, 75006 Paris, tél. 01 47 34 12 63).

Organisation : avant la sortie : l'enseignant prend rendez-vous, collecte des documents sur l'artiste et se procure l'affiche afin de répondre aux questions des enfants.

Ce travail peut être mené, selon la même démarche, avec une visite dans un autre lieu de création artistique.

• • Première séance

• **Présentation de l'affiche** pour découvrir le lieu où on va se rendre.

L'enseignant a recouvert l'affiche de différents caches afin de la transformer en affiche puzzle.

Découverte d'un fragment de l'affiche et verbalisation par les enfants : les enfants décrivent ce qu'ils voient et imaginent.

Après que l'affiche soit entièrement révélée, l'enseignant lit ce qui y est écrit.

• **Présentation de l'artiste :** Jean Dubuffet avec les documents recueillis par l'enseignant.

Projet pour la sortie : après la lecture de l'affiche, l'enseignant demande aux enfants : « *Qu'allons-nous pouvoir faire là-bas ?* ».

Il note toutes les réponses des enfants, qui se donnent ainsi un projet en trois étapes pour investir ce lieu (cf. projet décrit dans la 2e séance).

• • Deuxième séance – La sortie

1) Observation de l'extérieur

On voit très bien la Closerie de l'extérieur.

Les enfants comparent leur vision du lieu avec la photographie vue sur l'affiche. Il faut leur laisser le temps de s'étonner, de s'imprégner du lieu. Ils sont très étonnés de la grandeur du lieu et de la hauteur des sculptures.

Les enfants sont invités à rappeler aux parents accompagnateurs le projet conçu en classe.

2) Investissement du lieu

• Première étape du projet

Marcher autour de la sculpture en suivant le chemin. La classe est séparée en deux groupes, chacun partant de son côté.

Lors de cette promenade, les enfants prennent conscience de la hauteur des sculptures extérieures qui « forment comme des murs ». Les creux, les bosses et les fentes entre les sculptures leur donnent envie de se cacher, de se faufiler, de passer entre ; les lignes tracées sur les murs suscitent des gestes de la main pour les suivre.

Puis ils marchent sur les lignes noires.

• Deuxième étape du projet

Entrée dans l'enceinte et visite libre pour s'imprégner du lieu.

L'enseignant propose à chaque enfant de se mettre sur une ligne, et de la suivre jusqu'au bout ; les enfants prennent conscience que les lignes noires ne s'arrêtent jamais, qu'elles en croisent d'autres et qu'elles sont tracées sur les bords des reliefs de la sculpture.

Les prises de conscience ne sont pas suffisantes, il est nécessaire de faire des pauses dans leurs découvertes, pour qu'ils expriment avec des mots ce qu'ils ressentent.

Puis ils sautent dans les creux et sur les bosses. Ils prennent encore plus conscience des irrégularités des surfaces.

Avant d'entrer dans la villa Falbala, les enfants verbalisent les suppositions qu'ils avaient en voyant l'affiche : « *C'est un château, une grotte, une maison, une sorte de tente.* »

L'enseignant rappelle les consignes : « *À l'extérieur, on pouvait toucher, crier, courir, alors qu'à l'intérieur, on rentre sans bruit à petits pas et en ouvrant bien les yeux, on ne touche à rien.* »

- **Troisième étape du projet**

Entrer dans la grotte mystérieuse qui se trouve au centre : c'est la villa Falbala qui abrite le cabinet logologique de l'artiste. Ces deux mots étranges plaisent beaucoup aux enfants.

– Première salle : on regarde ce qui ressemble à l'extérieur et ce qui est différent : en plus du noir et du blanc, il y a de la couleur bleue pour remplir certains espaces. Ce sont des lignes ou du coloriage de formes. Les enfants s'expriment puis l'enseignant les invite à s'allonger sur la moquette pour regarder, détendus, et imaginer.

– Deuxième salle : le cabinet logologique de J. Dubuffet, ou chambre philosophique ; dans cette salle, l'artiste a utilisé une nouvelle couleur : le rouge.

L'enseignant explique aux enfants qu'à partir des lignes, graphismes ou coloriages que le peintre faisait parfois au hasard, celui-ci découvrait des choses qui existent dans la réalité.

Il leur est demandé de faire comme l'artiste et d'essayer de trouver, parmi toutes ces formes, des choses qui existent.

Dans cette salle, ils observent également les outils qui ont servi à l'artiste à travailler le polystyrène.

• • Troisième séance

De retour en classe, les enfants rapportent la sortie pour préparer une exposition pour les autres classes. L'enseignant prend des notes qui accompagneront les photographies et le film.

Les enfants aiment partager leurs émotions et, pour se faire, il faut pouvoir les exprimer avec des mots.

• • Quatrième séance

- **Atelier peinture**

Une expression par une production.

L'enseignant propose de la peinture noire et des pinceaux. Il laisse les enfants libres d'investir l'espace feuille.

• Analyse des productions

Les enfants s'expriment sur leur façon de faire, sur leur projet de production et sur le résultat de cette production.

– Souvent, par le plaisir de promener le pinceau sur la feuille pour faire une ligne qui ne s'arrête jamais, la feuille devient toute noire.

– Certains ont fait une ligne continue et en spirale car ils n'ont pas voulu « couper » leurs lignes.

– D'autres ont eu des problèmes de technique : peinture qui coule, pas assez de peinture sur le pinceau ou difficulté de recommencer là où la ligne avait été arrêtée.

Après ces analyses, il faut permettre aux enfants de renouveler leur expérience.

• • Cinquième et sixième séances

• Atelier peinture

Les enfants recommencent leur production à la peinture noire puis, à la séance suivante, ils utilisent d'autres couleurs (bleu et rouge) pour remplir les espaces en coloriant ou en traçant des lignes.

• Analyse des productions

Les enfants regardent les productions pour essayer de voir ou d'imaginer des choses qui existent. On tourne les productions dans tous les sens pour imaginer et trouver le sens qui leur convient pour les exposer.

C'est à ce moment que les enfants font remarquer que les œuvres de Dubuffet ne sont pas plates mais qu'il y a des creux et des bosses, d'où la décision de faire une sculpture. Ils décident de faire une grande sculpture en commun comme à la closerie Falbala.

• • Septième séance – Atelier sculpture

1) Construction de la sculpture

Laisser les enfants réfléchir au matériel à utiliser. Comme ils ont travaillé le papier au début de l'année, l'idée leur vient spontanément d'utiliser ce matériau. Mais devant l'ampleur de la réalisation, l'enseignant leur propose d'utiliser des cartons. Les enfants les empilent et les scotchent entre eux.

Pour rendre un aspect plus proche de celui des sculptures vues, les enfants proposent de coller des grandes feuilles blanches sur ces cartons.

Pour réaliser bosses et creux, ils chiffonnent les feuilles de papier, qu'ils recouvrent de feuilles blanches.

2) Peinture des lignes

Une réflexion est menée pour savoir où tracer ces lignes. Certains se rappellent qu'elles recouvraient les arêtes des reliefs.

3) Peinture de certains espaces

Les enfants peignent certaines surfaces en rouge ou en bleu avec des remplissages ou des lignes.

• • Prolongements

• Réaliser une exposition pour les autres classes et les parents avec :

– la présentation de l'affiche et des projets ;

– le compte rendu de la sortie.

• L'ensemble des productions : chercher dans la BCD de l'école, de la ville, auprès des parents, des livres d'art, afin d'y trouver d'autres peintures ou sculpteurs qui jouent avec des lignes : découvertes de Mondrian, Kandiski...

L'éducation musicale

L'éducation musicale nécessite la création d'une ambiance calme, ce qui n'est pas toujours facile.

L'écoute de différents bruits, le chant, le travail sur le rythme dans les comptines, l'installation d'une caisse à musique, la danse et les rondes, l'écoute de musiques variées, constituent l'ensemble des activités des 4-5 ans à l'école maternelle.

L'enfant est très sensible aux **bruits** qui l'entourent. Cela lui permet de se situer dans l'espace :

– s'il entend le bruit d'un moteur de voiture, il imagine la rue ;

– le chant d'un oiseau l'élève jusqu'au sommet de l'arbre ;

– le bruit d'un robinet qui coule lui rappelle le lavabo de la maison où il se lave les mains ;

– la mise en marche d'une chasse d'eau le ramène dans le domaine des toilettes de l'école où, peut-être, il ne se sent pas à l'aise.

• Le **chant** lui procure une grande joie, car il fait entendre sa voix avec celle des autres. On peut l'accompagner de gestes qui fixent le texte plus facilement. La gestuelle aide beaucoup dans l'interprétation.

• **Les comptines** lui permettent de sentir les rythmes.

• **La caisse à musique** a une importance capitale dans une classe. Il permet aux plus timides de s'exprimer, de sentir qu'ils ont un pouvoir sur les choses, qu'ils sont capables de produire des bruits. Ainsi, même le plus timide ose s'exprimer.

• **Le carton à bruits** contient des objets divers provenant :

– de la nature : cailloux, coquillages, noix, glands, bâtons… (ils sont générateurs de bruits) ;

– d'origines diverses : cuillères, casseroles, clefs, papier aluminium…

• **La danse et les rondes** procurent une jubilation chez la plupart des enfants. Leur corps bouge sur des sons et qu'Importe sl, au départ, leur cadence ne suit pas le rythme, ils se laissent aller rapidement dans la musique.

• **L'écoute de musique** se fait, par exemple, pour appeler ou pour réveiller une marotte, pour rêver, pour se détendre, pour danser, pour s'exprimer par le geste, pour accompagner un geste graphique…

Le chant

Objectifs : – sensibiliser au monde sonore ;
– développer l'attention auditive ;
– exercer sa voix.

Matériel : – lecteur de cassettes audio ou laser ;
– des enregistrements ;
– des cassettes vierges :

Durée : 5 à 10 minutes selon l'intérêt des enfants et en comptant le temps de reprise des chants connus des enfants.
Par ailleurs, un ou plusieurs courts moments de chants peuvent être renouvelés dans la journée.

Préalable

• Le chant a une importance capitale à l'école maternelle, il apporte beaucoup de joie et entraîne toujours une participation, même si elle peut paraître passive pour certains enfants. Car cette non-participation physique cache souvent une grande concentration et des enfants qui ne chantent pas à l'école sont capables de chanter le répertoire scolaire à la maison.

• En début d'année, il est intéressant de faire interpréter par les enfants les chansons du patrimoine culturel et souvent connues des enfants. Ce sont par exemple : *Frères Jacques, Au clair de la lune, Meunier tu dors, Dansons la capucine*. Mais il est aussi très profitable que l'enseignant connaisse les chansons que les enfants ont apprises l'année précédente. Cela permet d'avoir tout de suite une activité dynamique et entraînante.

• Dès la rentrée, le climat calme et serein, qui doit accompagner les chants, est souvent difficile à réaliser. C'est par la présence attentive de l'enseignant, son comportement au sein du groupe, l'utilisation qu'il fait de sa voix que l'écoute des enfants sera bonne.

• Certains chants sont écoutés sur cassettes ou disques laser. Il faut bien choisir l'interprétation, qui doit être proche de celle que produisent de jeunes enfants, surtout si l'objectif est de l'utiliser comme soutien aux voix des enfants de la classe.

Un exemple d'apprentissage d'un chant : *Il était un petit chat.*

IL ÉTAIT UN PETIT CHAT

Il était un petit chat
MIAOU MIAOU
Il était un petit chat
Qui n'écoutait papa ni maman.

Un jour dans sa tasse
de lait
MIAOU MIAOU
Un jour dans sa tasse de lait
Il vit une mouche qui buvait.

Le p'tit chat veut l'attraper
MIAOU MIAOU
Le p'tit chat veut l'attraper
Mais la mouche s'est mise à
voler.

Par la fenêtre, elle vola
MIAOU MIAOU
Par la fenêtre, elle vola
Et le petit chat vite grimpa.
Il tomba de très très haut
MIAOU MIAOU
Il tomba de très très haut
Heureusement dans un
baquet d'eau.

Il sortit tout frissonnant
MIAOU MIAOU
Il sortit tout frissonnant
Maintenant il écoute sa maman
Maintenant il écoute sa maman.

• • La disposition des enfants

Les enfants sont tous regroupés en demi-cercle autour de l'enseignant. Ils sont assis sur un tapis collectif ou sur des chaises. Il est important, au cours d'un moment de chant, de les faire changer de position car le jeune enfant a bien du mal à rester longtemps dans la même posture… Ils chantent donc assis, debout, à genoux, selon les consignes données par l'enseignant.

Par ailleurs, il est évident que le chant devrait se pratiquer debout pour que la voix puisse utiliser tout le souffle. Mais les jeunes enfants sont mieux installés assis, car :
– c'est une position qui leur donne une plus grande concentration ;
– ils sont moins fatigables ;
– ils restent plus facilement regroupés.

• • La mélodie et le rythme

C'est une mélodie simple, sur une seule gamme, avec des temps qui se doublent. Elle permet aux enfants de retenir facilement l'air et ainsi de bien placer leur voix. Dans un premier temps, l'enseignant chante lentement afin de bien faire entendre la mélodie, puis il chante en soutenant le rythme.

Il peut accompagner le chant en jouant de la flûte à bec ou d'un autre instrument de musique.

• • La gestuelle

L'enseignant chante la chanson en faisant les gestes induits par les paroles et en invitant les enfants à l'imiter. Le geste est intéressant car il soutient la parole et il permet de mémoriser plus facilement le texte.

• • La prononciation

Il est important de prononcer tous les mots en articulant bien, mais sans exagération. L'enfant va imiter l'adulte et prononcer les mots comme il les a entendus.

De plus, des jeux de prononciation sont organisés dans une séance de langage.

• • La compréhension et la mémorisation

Au moment de l'APS, des jeux de mime sont engagés pour rappeler les épisodes de l'histoire du chat.

En classe, pour aider à la mémorisation, des images de l'histoire sont données aux enfants (voir page suivante).

Plusieurs jeux sont proposés :

– mimer une seule image ;

– distribuer six images à six enfants. Ils doivent se concerter pour les replacer dans l'ordre. Pour ce faire, ils se placent dans l'ordre, face aux autres enfants, qui vérifient. Puis chacun chante son couplet dans l'ordre ;

– chanter, seul, le couplet correspondant à son image ;

– individuellement, chacun replace les six images mélangées.

Musicographie :

Les Petits lascars : le grand livre des comptines, coffret-livre et cassette Éd. Didier.

Compilation pour les petits N°1, Éd. Enfance et musique.

Il était un petit chat
MIAOU MIAOU
Il était un petit chat
Qui n'écoutait papa ni maman.

Un jour dans sa tasse
de lait
MIAOU MIAOU
Un jour dans sa tasse de lait
Il vit une mouche qui buvait.

Le p'tit chat veut l'attraper
MIAOU MIAOU
Le p'tit chat veut l'attraper
Mais la mouche s'est mise à voler.

Par la fenêtre, elle vola
MIAOU MIAOU
Par la fenêtre, elle vola
Et le petit chat vite grimpa.

Il tomba de très très haut
MIAOU MIAOU
Il tomba de très très haut
Heureusement dans un
baquet d'eau.

Il sortit tout frissonnant
MIAOU MIAOU
Il sortit tout frissonnant
Maintenant il écoute sa maman
Maintenant il écoute sa maman.

La caisse à musique

Objectifs :
- favoriser l'écoute ;
- sensibiliser aux différents sons et sonorités ;
- produire des sons et commencer à les organiser ;
- maîtriser ses gestes ;
- suivre un rythme ;
- produire un rythme ;
- traduire des événements ou des sentiments.

Matériel :
- des cloches et clochettes ;
- des tambourins avec et sans sonnailles ;
- des grelots ;
- des claves ;
- des xylophones ;
- des cymbales ;
- des maracas...

Organisation : en groupe-classe, avec parfois des acteurs et des auditeurs.

Durée : 10 à 15 minutes.

• • Première étape (à renouveler)

L'enseignant apporte la caisse à musique en expliquant qu'elle contient des instruments de musique avec lesquels les enfants vont pouvoir jouer. Il demande à chaque enfant de prendre un instrument, d'en tirer un son (« *tu fais du bruit* ») et de le garder avec lui. Quand tous ont un instrument, ils le posent sur le sol devant les autres enfants. Chacun vient ensuite choisir un autre instrument que l'enseignant nomme ; l'enfant est invité à répéter son nom.

Les enfants essaient ensemble leur instrument. L'enseignant joue le rôle de chef d'orchestre : il donne les consignes ; par exemple, si ses mains s'agitent en l'air, « *on joue* », si elles ne s'agitent plus, « *on arrête de jouer* ».

• • Deuxième étape (à renouveler)

Les enfants choisissent un instrument. L'enseignant regroupe les enfants en fonction de l'instrument choisi.

À la consigne gestuelle de l'étape précédente s'ajoute celle qui fait varier l'intensité. Par exemple, quand l'enseignant a les mains en l'air, les enfants jouent fort, quand il a les mains en bas, ils jouent doucement.

• • Troisième étape (à renouveler)

L'enseignant joue d'un instrument sur un certain rythme, tous les enfants qui ont le même instrument l'imitent. Ensuite, il fait de même avec les autres instruments en variant aussi l'intensité.

• • Quatrième étape (à renouveler)

Un enfant est le meneur de jeu, il choisit son instrument et son rythme. Les autres l'imitent.

• • Des jeux et activités

• Un enfant caché joue d'un instrument, un autre enfant doit prendre, dans la caisse à musique, l'instrument correspondant.

• Les enfants sont regroupés en demi-cercle, un joueur désigné leur tourne le dos. Un des enfants du demi-cercle joue d'un instrument. Le joueur de dos doit indiquer l'endroit du demi-cercle d'où le son a été produit.

• Trois cloches sont posées sur le sol devant les enfants : une petite cloche au son aigu, une cloche au son intermédiaire et une plus grosse au son plus grave. Les enfants assis en rond écoutent les sons des trois cloches.

Un enfant tourne le dos au groupe. Un autre enfant agite l'une des trois cloches et la repose sur le sol. Le premier enfant doit se saisir de la cloche qui a sonné.

• Tous les instruments sont placés sur le sol. L'enseignant demande à un enfant de choisir et de jouer d'un instrument :

qui peut faire peur ; qui peut montrer qu'on est heureux, qu'on s'amuse ; qui peut montrer qu'on est triste ; qui nous fait courir ; qui nous fait dormir ; qui nous réveille.

• Les instruments sont utilisés pour accompagner un chant, une histoire, une comptine.

• En APS, les enfants cherchent quels sont les mouvements et les déplacements les mieux appropriés à chaque instrument…

Musique et déplacement

Objectifs : – produire du mouvement en musique ;
– reproduire ce mouvement en musique.

Matériel : des instruments de musique indiqués pour chaque séance.

• • Avec la flûte à coulisse

Des séances de motricité sont menées avec la flûte comme support musical.

Les enfants reproduisent par le mouvement ce que « dit » la flûte.

Selon l'intensité d'exécution de l'instrument, ils se lèvent ou bien ils se baissent.

Selon la rapidité, ils évoluent plus ou moins rapidement.

En revenant de la salle de motricité, les enfants racontent à la marionnette de la classe ce qu'ils ont fait.
« *On se baissait et on se relevait.*
On descendait et on remontait.
On allait en bas et on allait en haut.
On allait vite, pas vite.
J'entendais la flûte qui disait... »

L'enseignant propose de dessiner sur une feuille , avec un feutre, ce que va leur dire la flûte. Les enfants s'installent aux tables avec chacun un feutre et une feuille.

Avant de commencer, la classe discute sur l'endroit où le tracé doit débuter quand la flûte se fait entendre. La plupart des enfants désignent le haut gauche de la feuille, comme lorsqu'on commence à écrire un texte.

Il est donc décidé de poser la pointe de son crayon-feutre à cet endroit pour commencer.

L'enseignant joue de la flûte. Et selon l'interprétation de l'instrument, les résultats sont les suivants.

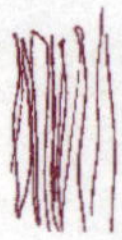

« *Hop... Hop...* »

« *En haut, en bas, en haut ...* »

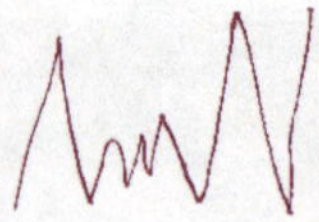

« *Là, j'ai fait pfutt, pfutt, pfutt parce que tu as fait vite avec la flûte, comme ça.* »

L'enfant imite.

• • Avec le tambourin

Au cours d'autres séances de motricité, le tambourin à sonnailles est utilisé. Les enfants courent quand il est secoué et s'arrêtent sur un frappé.

De retour dans la classe, la représentation en est faite sur une feuille, toujours au son du tambourin.

En début d'année, les enfants lèvent leur feutre à l'arrêt du tambourin, puis repartent, pas forcément où le tracé s'est arrêté.

Quand ses gestes sont bien maîtrisés, la consigne est donnée de ne pas lever le feutre de la feuille.

Au début du troisième trimestre, l'ensemble de la classe répond parfaitement à la consigne.

• • Avec le tambourin et les cerceaux

Les enfants, au cours d'une séance de motricité, ont pour consigne de tourner autour d'un cerceau, lorsque l'enseignant frotte sur le tambourin et de se déplacer en courant pour changer de cerceau lorsqu'il frappe sur le tambourin.

De retour en classe, ils reproduisent leur déplacement.

• • Avec une comptine :

Je fais un pas en avant
Je fais un pas en arrière
Je tourne et je tourne
Je cours et je cours
Et je m'assieds sur mon derrière.

Après avoir vécu le déplacement avec tout son corps et en suivant ce que dit le texte, les enfants reproduisent leur déplacement sur le papier.

Des instruments pour apprendre

Chapitre 1

Les activités graphiques

L'enfant et le geste graphique

• C'est vers **un an et demi** que l'enfant commence à laisser volontairement des traces. S'il prend un outil scripteur, il le déplace sur un espace et remarque qu'il imprime son geste.

Il fait des tracés en bougeant le bras à partir de l'épaule. Il tient son crayon à pleines mains. En effet, il n'a pas encore acquis la préhension pouce-index.

Il ne contrôle pas son geste, son œil ne suit pas la trajectoire, qui est complètement fortuite.

• **Entre 2 et 3 ans,** il réalise son mouvement à partir de l'avant-bras, en pliant son poignet. La flexion du poignet est possible.

La rotation de la main donne le sens du tracé, la direction est donnée à l'outil par le mouvement du bras.

C'est l'œil qui dirige la main. L'enfant est capable de suivre un tracé déjà produit.

• **Entre 3 et 4 ans,** les mouvements de la main se coordonnent avec ceux de l'épaule.

Le pouce permet de freiner le tracé. L'enfant peut réunir deux tracés.

Un sens de rotation dominant commence à apparaître, laissant parfois place, ponctuellement, à l'autre sens.

• **Les enfants de 4 à 5 ans** ont donc déjà acquis une certaine habileté du geste. Les doigts de la main se sont spécialisés : l'auriculaire et

l'annulaire propulsent le geste ; le pouce, l'index et le majeur réalisent les tracés.
Ils maîtrisent les axes directionnels et arrivent à copier des tracés plus ou moins fidèlement.

L'école propose à l'enfant des activités graphiques spécifiques au geste et au sens directionnel de l'écriture, et des activités graphiques décoratives pour lui permettre de développer son imagination et son habileté manuelle.

Le graphisme préparatoire à l'écriture

Objectifs :
- tenir correctement son outil scripteur ;
- reproduire certains tracés ;
- inventer des figures et des tracés ;
- reproduire des lettres en capitales d'imprimerie.

• • Les moyens mis en œuvre

Ces activités sont menées en ateliers de 5 ou 6 enfants. Ainsi l'enseignant peut mieux observer les gestes produits et les rectifier si besoin, solliciter les enfants et les encourager.

Les activités graphiques sous-entendent toujours l'apprentissage de l'écriture. L'enseignant doit donc veiller à la bonne tenue de l'outil, à la précision du geste et à l'utilisation du sens de l'écriture (gauche-droite).

On proposera aux enfants des exercices graphiques variés quant à leur contenu et leur motivation, à réaliser sur des supports variés par leur forme – carrée, ovale, triangulaire, hexagonal – et leur texture – papier fin ou épais, carton, etc.

• • Le sens de l'écriture

Les repères « gauche » et « droite » sont travaillés dans différents domaines d'activités :

– En APS, demander aux enfants de répondre à des consignes d'utilisation des mains et des pieds : lancer le ballon avec le pied droit.

– Introduire des repères spatiaux :

• dans la classe, ex. : La porte est du côté de ma main droite.

• sur le feuille, ex. : La gommette rouge indique la gauche de la feuille.

– Faire apprendre des chansons ou des comptines mettant en scène les deux mains ou pieds.

– En activités graphiques : les enfants tracent des lignes horizontales de gauche à droite.

Ils reproduisent un modèle de gauche à droite.

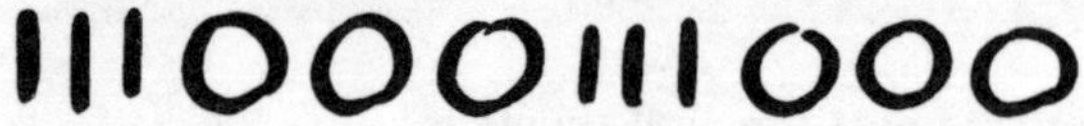

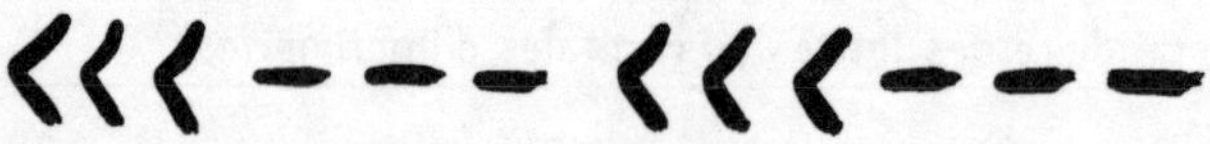

Ils reproduisent un modèle en commençant à gauche juste après la gommette rouge. Le modèle est dessiné sur le tableau.

Ils reproduisent le même modèle, sans indication sur la feuille mais en commençant « du côté de la porte » (si la porte est à gauche de l'enfant).

• • L'écriture en majuscule d'imprimerie

L'écriture en capitales d'imprimerie est l'écriture conseillée en début d'année pour la section des moyens.

Certains experts opposent l'emploi de lettres cursives à celui des lettres scriptes ou des capitales d'imprimerie. Il est évident que l'écriture cursive permet de mieux saisir la notion de mot et le sens de l'écriture ; l'écriture scripte renvoie immédiatement à l'apprentissage de la lecture, mais la capitale d'imprimerie a l'avantage de pouvoir être produite par l'ensemble d'une classe car **elle correspond à la dextérité motrice** des enfants de cette tranche d'âge. C'est aussi l'écriture que les enfants retrouvent dans les affiches, les publicités, certains emballages, les noms des rues, etc.

Faire recopier les modèles donnés par l'enseignant ou demandés par l'enfant.

Le sens de l'écriture doit toujours être respecté.

Donner des habitudes de direction afin que l'enfant soit déjà sensibilisé à la permanence du sens de l'écriture. :

• • L'écriture cursive

« À l'école maternelle, tout enfant doit commencer à s'entraîner à l'écriture cursive. » (Programme de l'école primaire, 1995)

Il faut rappeler que l'écriture scripte, qui est celle employée dans tous les ouvrages, s'apprend plus rapidement, demande moins d'aisance motrice mais a le désavantage – comme l'écriture en majuscule d'imprimerie – de ne pas bien individualiser les mots et celui de **ne plus jamais être utilisée** par l'enfant pendant sa scolarité.

L'écriture cursive demande plus d'habileté motrice. Elle est introduite au troisième trimestre lorsque les enfants ont acquis une certaine dextérité grâce aux activités préparatoires.

Ces activités portent sur :

– **les formes :** les lignes droites horizontales, verticales et obliques, les spirales, les ronds, les boucles, les ponts, les crochets, les vagues, les lignes arrondies ouvertes, etc.

– **les grandeurs :** grand, petit, moyen, long, court, etc.

– **les directions :** vertical, horizontal, penché, à l'envers, à l'endroit, vers la gauche, vers la droite, etc.

– **les positions** : dessus, dessous, devant, derrière, après, avant, en haut, en bas, etc.

– **les actions** : commencer, finir, descendre, monter, etc.

Exemple pour écrire un p : « *il faut commencer par un petit bâton penché puis descendre en faisant un grand bâton droit et finir par un crochet qui part en haut du grand bâton* ».

Prévoir des séances d'APS pour travailler les gestes, utiliser certains matériels aux formes évocatrices : cerceaux, anneaux, cordes, bâtons, rubans.

• Fonctionnement de l'écriture cursive

Lettres qui fonctionnent sans lever l'outil scripteur :

b c e f l m n o r s v w y z

Lettres qui se décomposent :

a d g h i j k p q t x

• • L'activité d'écriture

Faire le modèle au tableau devant les enfants en décrivant les gestes effectués.

Faire un modèle en format plus grand ; les enfants suivent le geste avec leur doigt dans l'espace.

Les enfants écrivent la lettre en suivant le même modèle écrit sur leur feuille.

L'enseignant vérifie que chaque enfant accomplit le bon geste. Il aide certains enfants en guidant leur main puis l'enfant répète seul le geste.

Le graphisme décoratif

Préalables : Les enfants au début de l'année sont amenés à décorer :
- leur étiquette-prénom ;
- la première page de leur cahier de vie ;
- la feuille sur laquelle est écrit le nom du mois et qui sert à se repérer dans le cahier de vie.

Séance préalable – Définition du mot « graphisme »

Il convient de définir avec les enfants ce qu'est un graphisme.

L'enseignant demande de décorer une étiquette ; la classe regarde alors les productions, pour préciser ce que l'enseignant attend d'eux.

Quand il demande une décoration avec des graphismes :

– il ne veut pas de coloriage ;
– il ne veut pas de dessin.

Le graphisme, « *ce sont des signes qui font jolis, qu'on aime à regarder, que l'on répète plusieurs fois...* »

La classe remarque, dans ses productions, les traces de graphisme : point, trait, rond, et aussi ce qui n'est pas du graphisme.

Pour se souvenir des graphismes qui ont été remarqués, l'enseignant propose de les reproduire sur des petites cartes et de les ranger dans une « boîte de graphismes ».

I – Recherche de décorations à base de ronds

• • Première séance

En groupe–classe, rechercher dans la classe tout ce qui va permettre de tracer des ronds. Les enfants trouvent :
– dans le coin « cuisine » : un verre, une petite et une grande assiette ;
– les pots à crayons ;
– les couvercles des pots de colle ;
– des bouchons de liège ;

– des bouchons de feutre ;

– les bouchons des bouteilles de lait ;

– des blocs logiques.

Les enfants en font la collecte et ramènent le tout dans le coin « regroupement ». Ils apportent, par la suite, des objets de la maison pour varier les productions.

• Chaque enfant choisit un objet, s'installe à une table et, à l'aide d'un feutre, en fait le tour. Il recommence plusieurs fois jusqu'à ce que son tracé soit réussi. Il change d'objet quand il éprouve des difficultés à faire le tour d'un objet (par exemple, certains bouchons ne sont pas facilement contournables). L'enseignant peut ensuite aider les enfants en difficulté, soit pour la préhension de l'objet, soit pour la tenue du support.

• • Deuxième séance

La classe est invitée à reprendre tous les objets de la séance précédente et à en choisir plusieurs. Chaque enfant s'installe à une table avec une feuille, dont la dimension est choisie en fonction des objets. La consigne est donnée d'organiser une disposition des objets sur la feuille.

Résultats obtenus :

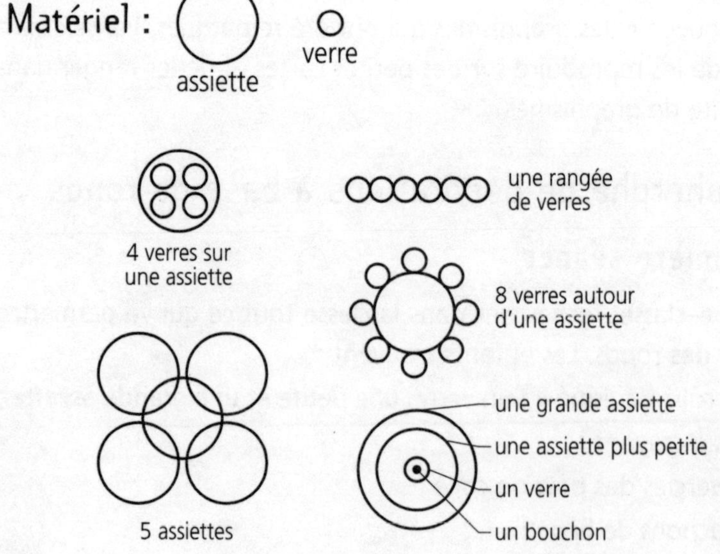

• • Troisième séance

Sur de grandes feuilles disposées au sol, les enfants dessinent leur production.

• • Quatrième séance

La classe observe les productions et l'enseignant les incite à en garder des traces, pour que tous les enfants puissent réutiliser ces idées. Comme les images sont trop grandes pour être rangées dans la boîte de graphisme, il est nécessaire de les réduire.

L'enseignant demande alors de les reproduire en plus petit. Cette fois, sans gabarit, les enfants recopient leurs productions, sur des feuilles plus petites.

• • Cinquième séance

Chaque enfant choisit un modèle, le reproduit et l'enrichit avec d'autres ronds.

En activité d'arts plastiques, parallèlement à cette recherche, les enfants représentent des ronds au pinceau et à la peinture. L'enseignant leur présente également des reproductions d'œuvres de peintres utilisant les mêmes formes : Delaunay, Kandinsky, Klimt, Miro, Vasalery... Une visite au musée est organisée.

• • Sixième séance

Matériel : Chaque enfant dispose d'un rond découpé par l'enseignant et d'autres matériels : baguettes chinoises, petites et grandes pailles, feutres usagés (donc sans encre), vis et boulons de tailles différentes, cure-pipe, ficelle, allumettes, bandes de papier...

Ce matériel s'enrichit progressivement. Il est rangé dans une boîte à disposition, dans le coin « graphisme » pour que les enfants cherchent régulièrement des nouvelles idées de décoration.

La consigne est donnée de choisir dans un premier temps deux types de matériels et de les organiser dans un rond. Selon la production, d'autres matériels sont utilisés.

Chaque enfant termine sa création en la reproduisant sur une feuille.

L'enseignant la reproduit également pour la ranger dans la boîte de graphismes.

• Prolongement

Cette recherche décorative se fait régulièrement dans l'année pour enrichir la boîte de graphismes et les utiliser régulièrement.

II – Le graphisme à partir de recherches de techniques en arts plastiques

Quelques exemples avec l'encre

• Les gouttes d'encre sont posées avec un compte-gouttes sur la largeur d'une feuille. La feuille est pendue verticalement. Les gouttes coulent en réalisant des lignes. Quand la feuille est sèche, l'enfant peut poser d'autres gouttes sur la longueur ; il trace ainsi un quadrillage.

• L'enseignant dépose des gouttes d'encres sur la feuille. Quand elles sont sèches, l'enfant enrichit sa production en dessinant une ligne continue qui entoure les gouttes.

• Avec la même technique, on introduit le tracé des boucles : « *Je tourne autour de chaque point.* »

Les gouttes peuvent être disposées de façon aléatoires ou en ligne.

• L'encre est soufflée avec une paille dans toutes les directions ; l'enfant entoure l'ensemble de plusieurs lignes concentriques.

III – Le graphisme à partir de photographies

• Les enfants recherchent des éléments de la classe et de l'école où sont représentés des lignes et des quadrillages. L'enseignant en fait des photographies, qui sont rangées dans la boîte graphisme.

Par exemple : la grille de l'école, l'échelle de gymnastique, le grillage de la cour ; le carrelage de la salle de toilettes.

• Pour certains éléments, des empreintes sont prises avec feuille et craie.

IV - Le graphisme à partir de découpages

• Découper une bande de papier en zigzaguant. La coller sur une feuille et redessiner les bords en parallèle.

• Avec des ciseaux cranteurs, reproduire en parallèle le tracé du découpage.

• Avec un pochoir fabriqué par l'enfant : un coin du pochoir est punaisé sur une feuille. L'enfant le fait tourner, par étape sur la feuille en le dessinant à chaque fois. Ainsi, une même forme est répétée plusieurs fois.

V - Le graphisme à partir d'un collage

Collage :

– d'un morceau de carton ondulé ;

– d'un morceau de tissu (tissu vichy ou écossais). L'enfant continue le dessin du tissu ;

– d'un papier déchiré : tracer le contour et l'agrandir ;

– d'une forme géométrique : dessiner autour pour l'agrandir, la multiplier. Ces formes permettent de travailler les ponts à l'envers et à l'endroit.

VI - Le graphisme à partir d'un gabarit

Exemple : la vague.

• Le travail se fait sur un plan incliné et sur de la cartoline plastifiée par l'enseignant.

• Le gabarit est fixé sur la feuille avec de la patafix.

• L'enfant reproduit plusieurs fois son gabarit en le déplaçant.

Chapitre 2

Classification, sériation, dénombrement, mesure, reconnaissance des formes et relations spatiales

Les activités mathématiques

• Quand il est question d'activités mathématiques, les Instructions officielles pour le cycle 1 proposent d'identifier, de classer, de ranger, d'ordonner, de comparer, de différencier, de dénombrer, de se repérer dans l'espace et le temps.

• L'enfant de 4-5 ans n'a pas encore acquis la logique lui permettant d'établir certaines relations, ni même le langage si rapportant ; l'enseignant doit donc approfondir sa réflexion sur les activités à proposer.

• En effet, pour que l'enfant construise ses connaissances pas à pas et à son rythme, on doit lui proposer des situations motivantes de manipulation et liées au plus près à la vie de la classe ou de son environnement.

De plus, il est indispensable de s'appuyer sur un langage rigoureux : la verbalisation des situations est aussi importante que la manipulation elle-même.

• • Quelles notions aborder chez les 4-5 ans ?

• Les repérages dans **l'espace** sont travaillés au quotidien dans la vie de la classe : dans les APS, au cours de différents événements ou opportunités. Ces notions sont renforcées par des activités spécifiques traitées dans ce chapitre, par exemple à partir de matériel : le mobilier de la classe.

• Les repérages dans le **temps** sont abordés dans des séquences de classement d'images séquentielles représentant des situations de classe ou un matériel comme le sablier.

• Des **activités numériques** sont mises en place à partir d'événements quotidiens comme l'appel, le petit-déjeuner.

• La reconnaissance des **formes simples** : rond, carré, triangle, à faire sous forme de jeux attrayants : par exemple, refaire un bonhomme, une maison avec ces formes...

• Le **classement d'objets** selon un critère, puis deux, pour arriver au tableau à double entrée.

• Les **situations problèmes**

– Il est important de trouver une situation vraie, motivante, dans laquelle les enfants vont avoir à s'investir.

– Il faut bien poser le problème, en définir les buts : savoir ce que l'on cherche et pourquoi.

– Il est nécessaire de laisser un temps de réflexion à tous les enfants. Ce temps de silence permet de laisser réagir tous les enfants et pas seulement les plus rapides.

– Lors des propositions, les enfants ont une certaine liberté d'action. Tous les enfants peuvent essayer la solution.

– Un climat de confiance doit être créé. Toute hypothèse est intéressante. Les enfants écoutent les propositions des autres.

– L'objectif de la recherche est de trouver la solution la mieux adaptée au problème posé.

• • Avec quels supports ?

• Les objets de la classe.

• Les événements.

• Les jeux de société : cartes, dominos, dés...

• Le matériel pédagogique : blocs logiques, perles, pions...

• Les jeux divers : puzzles, tangram, jeux de logique...

L'appel

Objectifs : - mettre en œuvre une procédure numérique (dénombrement, reconnaissance globale) ou non numérique (correspondance terme à terme) ;

- étendre la suite des nombres connus et savoir les utiliser.

Matériel : - les étiquettes-prénoms ;

- un dé par enfant.

Organisation : après avoir repéré les absents, la classe réunie remplit le cahier d'appel, en notant les enfants absents et les enfants présents. Pour cela, il faut savoir combien il y a d'absents et combien il y a de présents.

Déroulement : en une séance à réutiliser.

• • Calculer le nombre d'absents

• Les enfants savent que les absents sont ceux qui n'ont pas accroché leur étiquette-prénom.

• L'enseignant présente en éventail les étiquettes restantes, correspondant à celles des absents. Les enfants sont invités à bien regarder et à donner le nombre d'étiquettes.

• Certains enfants utilisent leurs doigts en essayant de faire correspondre le nombre de doigts avec le nombre d'étiquettes. Les autres enfants les imitent. L'enseignant peut photocopier sa main pour montrer le bon nombre de doigts.

• Un enfant qui a réussi la bonne représentation est invité à venir se justifier. En début d'année, il pose un doigt sur chaque étiquette. Les enfants qui se sont trompés sont invités à faire de même et comparent les deux collections. Ils rectifient leur solution. Ils expriment alors oralement la quantité, que l'enseignant écrit au tableau en lettres et en chiffre.

• L'enseignant introduit alors les dés. Chaque enfant montre la face du dé correspondant au nombre des absents.

• Toutes ces informations sont consignées sur une affiche de référence. C'est ainsi que, progressivement, les affiches de référence sont construites.

• Chaque jour, un enfant est invité à venir compléter un panneau en choisissant la bonne étiquette.

• Pendant ce temps, l'enseignant remplit son cahier d'appel et les enfants l'aident à lire les prénoms des enfants absents.

• • Calculer le nombre des présents

Un enfant est invité à compter tous les enfants pour que l'enseignant écrive le nombre des présents. Les autres enfants l'aident en récitant avec lui la comptine numérique.

Le mobilier de la classe

Objectifs : – se situer dans l'espace ;
– utiliser un vocabulaire spatial.

Matériel : le mobilier de la classe.

Organisation : elle est indiquée dans chaque séance.

Préalable : les enfants ont une bonne connaissance du mobilier de la classe.

• • Première séance

Objectifs : – se repérer dans l'image ;
– transposer de l'image à l'espace en trois dimensions.

Matériel : des photographies prises dans la classe sans enfant.

Les enfants sont par deux. Chaque paire dispose d'une photographie d'un endroit de la classe ; ils doivent le retrouver. Quand tous les groupes ont repéré leur endroit, les enfants se retrouvent par groupes de 10 dans les différents endroits. Chacun doit expliquer ce qui lui a permis, dans l'image, de retrouver l'endroit photographié.

• • Deuxième séance

Objectifs : – repérer différents éléments dans un plan ;
– les transposer dans l'espace en 3 dimensions.

Matériel : trois photographies identiques, globales et agrandies de la classe.

Le mobilier et les différents éléments de la classe ont été déplacés par l'enseignant. Les photographies ne correspondent donc pas à la physionomie présente de la classe.

En groupe–classe, les photographies sont présentées par l'enseignant. Chacun s'exprime sur ce qu'il y voit de déplacé. Puis les trois photographies sont affichées dans trois endroits différents de la classe pour que les enfants puissent les observer plus facilement.

Le but du jeu est de replacer tous les éléments de la classe comme les enfants les voient sur la photographie.

• • Troisième séance

Objectif : utiliser un vocabulaire spatial.

Le groupe–classe est réuni. Un enfant volontaire ou désigné sort de la classe.

Un autre enfant se place dans un endroit de la classe de son choix. Les autres repèrent bien l'endroit. Dans un premier temps, les enfants réfléchissent, avec l'aide de l'enseignant, sur les repères qu'ils pourront donner verbalement pour répondre aux questions de l'enfant sorti.

Le deuxième enfant reprend sa place parmi les autres.

Le premier enfant rentre dans la classe.

Les autres enfants doivent répondre à ses questions, pour qu'il devine où était situé l'enfant.

« *Était-il sous une table ?*
Était-il derrière la porte ?
Était-il près du radiateur ?... »

Variante : un troisième enfant, aidé des autres et de l'enseignant, décrit le lieu où son camarade se trouvait. Par exemple, « *il était sous la table qui est à côté de...* ». L'enfant sorti doit deviner l'endroit et s'y placer.

• • Quatrième séance

Objectifs : – lire une image pour la transposer dans l'espace ;
– se positionner dans l'espace par rapport à un objet.

Matériel : – une chaise par enfant ;
– 5 ou 6 photographies de chaises prises sous différents angles.

L'enseignant explique qu'il a pris des photographies de chaises et que chaque enfant doit se placer pour voir la chaise comme sur la photographie. L'enfant a deux possibilités : soit il se déplace par rapport à la chaise, soit il déplace la chaise.

• • Cinquième séance

Objectif : se repérer sur un plan.

Matériel : – des chaises, des tables ;
– des gommettes

L'enseignant a déplacé tout le mobilier personnel des enfants de la classe (chaises et tables) et a placé des gommettes de couleur à l'emplacement primitif des pieds de chacun des objets : des gommettes rouges pour les chaises et bleues pour les tables.

Les enfants doivent replacer le mobilier selon l'indication des gommettes.

Des chaussures

Objectifs : – reconnaître et identifier ;
– ranger selon un ou plusieurs critères ;
– ranger par ordre de grandeur.

Matériel : – les chaussures et les chaussons – soit ceux qui sont utilisés pour la classe, soit des chaussons demandés par l'enseignant et apportés par les enfants ;
– d'autres chaussures apportées par l'enseignant afin qu'il y ait une plus grande variété.

• • Première séance

En groupe–classe et ensuite par ateliers de dix.

L'enseignant a installé tous les chaussons des enfants.

Les enfants les décrivent, les commentent et les comparent.

Par groupe et en utilisant leurs propres chaussons, ils choisissent un critère de rangement, puis le présente au groupe–classe.

Les chaussons sont généralement rangés :

– par couleur ;

– par taille ;

– par système de fermeture (velcro, élastique, bouton, sans fermeture) ;

– par couleur de semelle ;

– par matière.

• • Deuxième séance

L'enseignant propose aux enfants d'ôter leurs chaussures. Elles sont alors installées avec les autres.

Chaussons et chaussures sont comparés quant à leur usage, leur aspect, les matériaux qui les constituent.

Par groupe, les enfants choisissent un critère de rangement et les classent.

• • Troisième séance

Par groupes de dix.

L'un après l'autre, chaque enfant, les yeux bandés, sépare chaussures et chaussons, au toucher. Les enfants doivent expliquer ce qui leur a permis de les reconnaître.

Dans un deuxième temps, chaque enfant, toujours les yeux bandés, classe trois chaussures de tailles différentes, de la plus petite à la plus grande.

• • Quatrième séance

En groupe–classe.

Avec des chaussures de types différents apportés par l'enseignant, chercher leur usage et les ranger selon un critère : chaussures de ski, d'escalade, palmes, bottes en caoutchouc, bottes fourrées, patins à roulettes, à glace, sandalettes en cuir, en plastique, chaussures à hauts talons, mocassins d'homme, de femme, tennis, chaussons fourrés…

Dans un deuxième temps, les yeux fermés, trouver l'usage d'une chaussure et expliquer le ou les éléments qui ont permis de la reconnaître.

• • Cinquième séance

Le jeu des chaussons : les enfants jouent par deux, les autres sont spectateurs. Quatre paires de chaussons sont placées sur le sol autour de deux chaises. Deux enfants ont les yeux bandés. Le premier qui a ramassé deux paires de chaussons et les a placés sur la chaise a gagné.

• • Prolongements

• Apprendre la chanson d'Anne Sylvestre : « Pour mettre ses chaussures », dans l'album *Ma minithèque* n°5, PLD, 2001.

• Transformer de vieux chaussons en voiture en les peignant avec de la peinture acrylique et en utilisant des bouchons de bouteille de lait pour faire les roues.

À partir de cet exemple, les enfants inventent d'autres transformations.

L'emploi du temps

Objectifs : - se repérer dans le temps ;
- comprendre le déroulement d'une journée ;
- savoir nommer chaque activité.

Matériel : - des photographies ;
- des intercalaires transparents.

Organisation : en groupe-classe, tous les matins pendant l'accueil.

Préalable : L'enseignant présente aux enfants l'emploi du temps de la journée.

Après quelques semaines, les enfants ont repéré le déroulement et essaient d'énoncer eux-mêmes l'emploi du temps.

Ils s'aperçoivent alors que, seuls, ils ont des difficultés à se souvenir de tout car il n'est pas identique tous les jours.

Les quatre premières séances sont réparties dans la même semaine.

• • Première séance – Lundi

L'enseignant et la classe recherchent de ce que l'on peut faire pour se souvenir.

Les enfants ont l'habitude des écrits et des photographies pour se souvenir de ce que l'on a fait : les différentes sorties, les anniversaires, les instruments de musique apportés par l'enseignant ou l'intervenant. C'est donc naturellement qu'ils proposent de prendre des photographies. Chaque moment important de la journée sera donc photographié.

Parallèlement, ces différents moments sont écrits sur une affiche par l'enseignant, sous la dictée des enfants : accueil, appel, chant, parcours, petit déjeuner, ateliers, récréation, lecture, repas, repos, ateliers, récréation, regroupement pour attendre les parents.

• • Deuxième séance – Mardi

Les enfants cherchent à se rappeler si l'emploi du temps est le même que celui de la veille.

Ils constatent une petite différence, car le mardi est jour de musique et du conseil d'enfants. Ces deux mots sont donc ajoutés et les deux activités sont photographiées.

• • Troisième séance – Jeudi

En APS, ce n'est plus le parcours mais la gymnastique avec le petit matériel.

• • Quatrième séance – Vendredi

En APS, c'est le jour de la danse.

À la fin de la semaine, la classe fait l'inventaire des activités principales, qui ont toutes été photographiées et notées.

• • Cinquième séance

- **Présentation du matériel**

L'enseignant a préparé des feuilles sur lesquelles le nom de chaque moment est écrit. Ce travail peut aussi être fait par les enfants à l'aide de l'imprimerie ou de l'ordinateur.

En dessous du mot se trouve une pochette transparente scotchée sur les bords, qui est destinée à recevoir la photographie correspondante.

• Langage sur les photographies

Jeu de devinettes : chaque enfant pioche une photographie et la décrit sans la montrer aux autres ; ils doivent deviner de quel moment il s'agit.

« *Je vois un enfant qui dessine et une maman assise à côté de lui.* » « *C'est l'accueil.* »

L'enseignant donne la feuille correspondant au mot. L'enfant y glisse la photographie.

• • Sixième séance et suivantes

• Tous les matins, la classe accroche l'emploi du temps. Une ficelle est tendue au-dessus du tableau et chaque feuille sera accrochée à l'aide d'une pince à linge petit format.

• Quand l'ensemble des enfants maîtrisent le système employé, un enfant en devient responsable : il est « le maître du temps ». Il est chargé, pendant l'accueil, d'accrocher les feuilles dans l'ordre.

À la fin de l'accueil, les enfants relisent l'emploi du temps pour savoir s'il est correct ; une discussion s'engage.

• En plus du repérage dans le temps, les enfants ont, grâce à ce travail, une meilleure perception de leur journée à l'école. Ils peuvent discuter des activités proposées.

Les équipes

Objectifs :
- mettre en œuvre des stratégies de tâtonnement pour trouver des solutions aux problèmes pratiques qui surgissent ;
- mettre en œuvre une stratégie numérique ou non numérique pour partager la classe en deux équipes ;
- utiliser un vocabulaire relatif à la comparaison pour savoir qui a gagné : « plus que », « moins que », « pareil ».

Situation problème : comment faire deux équipes ayant le même nombre de joueurs ?

• • Première séance

• Le point de départ

Lors d'un jeu collectif avec des ballons en séance d'APS (cf. page 57), les enfants sont amenés à faire deux équipes. D'un côté, il y a l'équipe des parents et de l'autre, celle des enfants. L'enseignant laisse les enfants se répartir comme ils le désirent. Beaucoup d'enfants préfèrent jouer le rôle des enfants insupportables qui envoient les ballons pleins de boue dans la maison. Comme ils sont plus nombreux, ils gagnent donc la première manche. L'enseignant fait asseoir chaque camp.

• La prise de conscience

L'enseignant pose une question au camp des enfants : « *Vous avez gagné. Pourquoi ?* »

Les premières réponses sont : « *On est les plus forts...* », « *On était beaucoup de garçons.* »...

Ces réponses ne tardent pas à faire réagir l'autre équipe : « *Ils ont gagné parce qu'ils étaient plus que nous.* »

La discussion est engagée pour faire émerger le problème : il y a une différence de nombre de joueurs entre les deux camps.

Les enfants sont amenés à utiliser des termes pour comparer : « plus que », « moins que », « pareil », « autant que », « le même nombre ». Il faut bien reposer le problème.

– L'enseignant : « *Que cherche-t-on ?* »

Les enfants : « *À faire deux équipes.* »

– L'enseignant : « *Pourquoi ?* »

Les enfants : « *Pour faire un jeu.* »

– L'enseignant : « *Pour que le résultat du jeu soit juste, que faut-il faire ?* »

Les enfants : « *Avoir le même nombre de joueurs dans les deux équipes.* »

• Recherches pour résoudre le problème

Les enfants cherchent des solutions pour répartir équitablement les deux équipes.

Certains proposent :

– « *d'en déplacer un, puis deux, puis trois pour essayer d'arriver au même nombre.* » ;

– « *de faire une équipe de garçons et une équipe de filles.* » ;

– « *de choisir deux capitaines comme au foot et chaque capitaine à tour de rôle choisit un joueur, puis un autre, puis un autre jusqu'à ce que tous les joueurs soient répartis dans les deux équipes.* ».

À chaque suggestion, l'enseignant pose la même question ou la fait formuler par un enfant, afin qu'ils ne perdent pas de vue le problème : « *Y a-t-il le même nombre de joueurs dans les deux équipes ?* » ou « *Y a-t-il autant de joueurs dans les deux équipes ?* »

Les enfants cherchent une solution pour comparer :

– « *se mettre les uns en face des autres pour voir si chacun a un adversaire* » (correspondance terme à terme) ;

– « *se compter* » (dénombrement).

• • Deuxième séance

• Retenir une solution

De retour en classe, en atelier mathématiques, chaque enfant a une certaine quantité d'objets en nombre pair (ex. : des bouchons). Ils doivent partager cette quantité en deux.

Chacun essaie de réinvestir l'une des solutions trouvées en APS.

En groupe–classe, il explique aux autres sa démarche.

Des solutions sont trouvées par les enfants :

– Correspondance terme à terme : ils alignent les objets sur deux rangées en les faisant correspondre.

– Distribution : ils placent un objet d'un côté puis un de l'autre côté et ainsi de suite, jusqu'à épuisement.

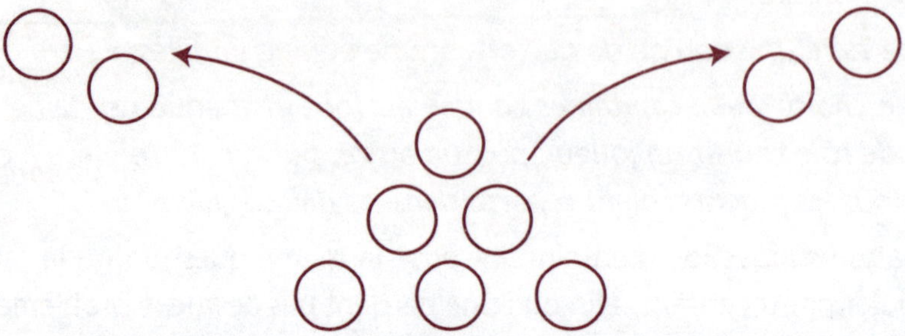

– Tâtonnement puis dénombrement : ils séparent en deux leur collection. Ils procèdent au hasard puis ils comptent. Ils recommencent s'ils ne trouvent pas le même nombre. Quelques-uns passent un objet d'une collection dans l'autre.

– Reconnaissance globale des petites quantités : ils font aussi une distribution mais en déplaçant deux voire trois objets à la fois.

• • Troisième séance - En APS

• Rappel du problème

Lors de la première séance, l'enseignant avait constaté quelle équipe avait gagné. Cette fois, il pose le problème : « *À votre avis, qui a gagné ?* »

Il faut, parallèlement, reparler de la règle du jeu :

– L'enseignant : « *Quel en est le but ?* »

Un enfant : « *Essayer d'envoyer les ballons dans l'autre camp.* »

– L'enseignant : « *Quelle est l'équipe gagnante ?* »

Des enfants : « *Celle qui s'est débarrassée de ses ballons…* », « *Celle qui en a le moins.* »

– L'enseignant : « *Alors que cherche-t-on ?* »

Un enfant : « *L'équipe qui a le moins de ballons a gagné.* »

• Recherche d'hypothèses pour trouver une solution…

– L'enseignant : « *Comment pourrions-nous faire pour savoir quelle équipe en a le moins ?* »

Un enfant : « *Il faut regarder les ballons de cette équipe-là et ceux de celle-là.* » (Comparaison et appréciation globale de la quantité).

– Un enfant : « *Il faut faire une ligne avec les ballons d'une équipe et juste à côté une ligne avec les ballons de l'autre équipe. Celle qui a la ligne la plus petite a gagné.* » (Correspondance terme à terme et comparaison de deux grandeurs).

– Un enfant : « *Il faut compter les ballons d'une équipe et puis après on compte les ballons de l'autre et on voit !* » (Dénombrement et comparaison de deux nombres).

Certains nombres sont faciles à comparer. D'autres, s'ils sont proches, le sont plus difficilement. Dans ce cas, les enfants se servent soit de leurs doigts en se mettant par deux, soit de la bande numérique de la classe, ou ils récitent la comptine numérique pour connaître le nombre qui vient avant l'autre.

La troisième **solution est adoptée** par l'ensemble de la classe.

Le petit-déjeuner (situation problème)

Objectifs : – mettre en œuvre des stratégies de tâtonnements pour trouver des solutions à des problèmes pratiques ;

– mettre en œuvre une procédure numérique ou non numérique pour résoudre un problème.

Matériel : – 4 tables collectives pour 6 enfants (24 enfants sont présents) ;

– pour une table :

2 carafes de couleurs différentes,

1 pot à eau,

1 pot à lait,

1 boîte de gâteaux,

6 verres ;

– une affiche pour noter les résultats

Organisation : en groupe-classe, en une seule séance.

• • Situation de départ

En début d'année, le petit-déjeuner est préparé par l'ATSEM. Plus tard, le projet de la classe étant de grandir, les enfants décident, sous l'impulsion de l'adulte, de préparer eux-mêmes le petit-déjeuner et de mettre la table.

La question se pose : « *Que faut-il faire ?* »

Le problème est posé.

• • Recherches de solutions

On laisse aux enfants un moment de réflexion. Puis ils commencent à énumérer tout ce qu'il faut mettre sur la table : des verres, des gâteaux, des carafes, du lait, de l'eau. Mais ils ne disent pas en quelle quantité.

Pour resituer exactement le problème, l'enseignant propose de faire ce qu'ils ont dit et les enfants posent sur une table : la bassine avec tous les verres, un paquet de gâteaux, des briques de lait, une bouteille d'eau et les 8 carafes.

Cela conduit à une insatisfaction générale : « *Ce n'est pas comme cela qu'il faut faire !* » Certains pensent avoir la solution.

L'enseignant leur propose d'expliquer au groupe ce qu'ils pensent faire, ils agiront ensuite.

• • Recherche de solutions pour chaque élément

Pour canaliser toutes les bonnes volontés, l'enseignant indique que la classe va chercher la solution par éléments à installer.

• Les verres

« *Il faut en mettre quelques-uns.* » Un enfant fait une appréciation globale de la quantité, procède à l'installation, mais il en manque et il faut compléter. Les autres en déduisent que ce n'est pas la bonne solution.

« *Il faut mettre un verre devant chaque chaise.* » Un enfant fait une correspondance terme à terme, mais ce n'est pas très rapide car il fait plusieurs fois la navette entre la bassine à verres et la table.

« *Il faut compter combien d'enfants vont s'asseoir à la table et prendre le même nombre de verres.* » À chaque table, un enfant compte. Mais les enfants tournent en rond autour des tables, sans faire attention à partir de quel enfant ils ont compté et les résultats ne sont pas identiques.

Ils essaient de mettre la quantité de verres en utilisant les divers résultats : 5, 6, 7, 8, 10 pour savoir quel enfant avait raison.

L'enseignant dirige les opérations et s'organise pour que le bon chiffre ne soit utilisé qu'en dernier afin qu'il y ait plusieurs essais.

À chaque tentative, les enfants verbalisent : « *Il y en a trop...* », « *Il n'y en pas assez.* »

Quand le bon nombre est trouvé (six verres), l'enseignant propose de l'écrire sur l'affiche pour se souvenir. Un enfant cherche dans la classe où sont écrits les chiffres, repère « 6 » et vient l'écrire sur l'affiche. L'enseignant complète en écrivant devant les enfants le mot « verres », en face duquel six enfants viennent dessiner chacun un verre.

• Les gâteaux

La classe procède de la même façon.

Les enfants disent qu'il en faut un pour chacun et trouve rapidement qu'il en faut six par table, mais ils veulent quand même vérifier. Les six gâteaux sont placés dans une barquette.

Six gâteaux sont écrits et dessinés sur l'affiche.

• Les carafes

Elles sont de couleurs différentes : les jaunes sont pour l'eau, les bleues pour le lait. Les enfants n'ont aucune difficulté à dire qu'il en faut une de chaque.

Au moment de remplir les carafes, un enfant dit qu'il ne faut pas en mettre trop de peur de renverser. Il est décidé de tracer une ligne sur chaque carafe pour savoir où s'arrêter quand on remplit.

• • Recherche de solutions pour garnir 4 tables

• Les enfants ont dressé une seule table. L'enseignant demande s'ils peuvent maintenant prendre leur petit-déjeuner. Les enfants réalisent alors qu'il faut recommencer pour les autres tables.

C'est le moment de se questionner sur les quantités qu'il faut préparer chaque matin et d'aborder un nouveau problème.

« *Il faut plusieurs boîtes de gâteaux : une pour cette table, une pour celle-là...* » Cette fois, un enfant se lève et compte sur ses doigts en même temps qu'il montre les tables.

• La solution est rapidement trouvée et approuvée par les autres qui, spontanément, transfèrent la découverte aux carafes, puis aux barquettes de gâteaux. Une nouvelle affiche est réalisée, qui aura pour fonction d'aider, tous les matins, les enfants à se souvenir de ce qu'il faut faire pour préparer le petit-déjeuner.

• Tous les matins, un groupe différent prépare le petit-déjeuner en utilisant les affiches, mais aussi en fonction du nombre des présents. Un travail intéressant est fait autour de la soustraction : à cette table, il y a un enfant en moins. Combien doit-on mettre de verres, de gâteaux ? Les enfants sont très motivés par ce genre de situation.

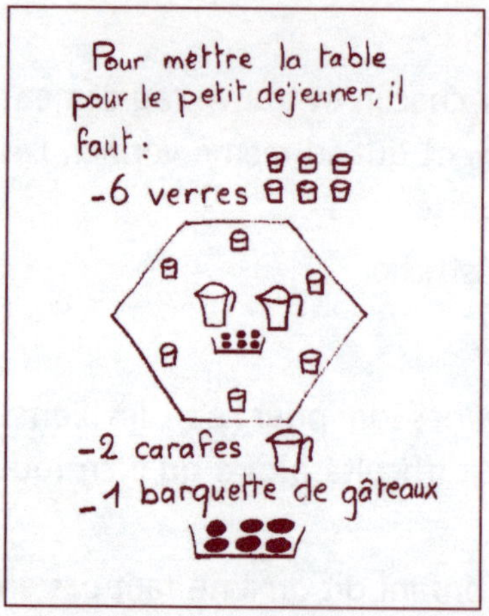

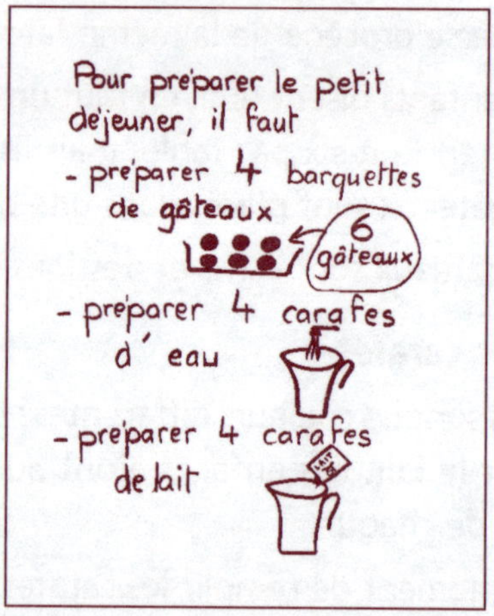

L'évaluation

I. L'évaluation

• • Pourquoi cette évaluation ?

Ce type d'évaluation a été choisi pour répondre à quatre questions essentielles :

• Comment faire pour que l'enfant soit acteur de son évaluation ?

• Comment rendre l'évaluation plus lisible pour l'enfant et ses parents ?

• Comment exposer les compétences travaillées en moyenne section, aux enfants et à leurs parents ?

• Comment montrer le sens des apprentissages et obliger l'enseignant à expliciter son projet, ses objectifs aux enfants et aux parents ?

• • Quelle est la forme générale de cette évaluation ?

Elle est rédigée dans un cahier organisé en différents chapitres, qui reprennent les trois types de compétences des différents domaines d'activités prévus par les programmes de l'école maternelle :

• les compétences transversales relatives aux attitudes de l'enfant, à la construction des concepts fondamentaux d'espaces et de temps et aux acquisitions méthodologiques ;

• les compétences dans le domaine de la maîtrise de la langue ;

• les compétences relatives aux différentes disciplines qui recouvrent à la fois des savoirs et des méthodes propres à chacun des grands domaines.

La première page du cahier comporte les nom, prénom, date de naissance, photographie de l'enfant, et les noms de l'école et de l'enseignant. Cette première page est décorée par l'enfant afin qu'il s'approprie son cahier.

La deuxième page explique aux parents les objectifs de ce cahier.

La troisième page est remplie par l'enfant et ses parents à la maison par ce que l'enfant pense de l'école, des activités qui lui sont proposées, ce qu'il aime et ce qu'il n'aime pas.

Enfin, des pages sont réservées à la fin du cahier pour les commentaires de l'enseignant et ceux des parents.

• • Comment ce projet est-il présenté aux enfants ?

• Les premières lectures faites aux enfants ont pour thème l'école.

Par exemple : « *Petit Ours Brun veut aller à l'école* », « *Il est trop petit pour aller à l'école.* », « *Quant à Edouard* (dans *Le premier jour d'école*, R. Wells, Éd. École des Loisirs, 1996), *il est assez grand, mais il n'est pas prêt : il est trop petit dans sa tête.* »

• En conseil d'enfants, une discussion s'instaure autour de la question : « *Qu'est-ce que ça veut dire être assez grand pour aller à l'école ?* »

Des enfants : « *C'est pas pleurer quand on quitte maman...* », « *C'est pas pleurer quand on se lève...* », « *C'est mettre son manteau tout seul...* », « *C'est travailler à l'école...* »

C'est donc naturellement que les enfants trouvent leur capacité à pouvoir ou ne pas pouvoir faire certaines actions.

Une liste est dictée à l'adulte au cours de chaque activité disciplinaire, à laquelle est ajoutée l'attitude comportementale.

• • Comment est complété ce cahier d'évaluation ?

Le cahier est complété à l'aide de vignettes représentant ce que l'enfant est maintenant capable de faire.

Elles peuvent être de différentes natures :

- un dessin de l'enfant ;
- le découpage d'une image dans un magazine ;
- la réduction d'une production de l'enfant ;
- une photographie ;
- un dessin de l'enseignant pour représenter la compétence évaluée ;
- des photocopies d'imagiers, d'albums.

• • Quand est rempli ce cahier d'évaluation ?

Il s'agit d'une coévaluation : quand l'enfant prend conscience de sa maîtrise d'une compétence, il l'annonce à l'adulte.

L'évaluation est faite après le travail d'une compétence ou le constat de l'enfant : « *Je peux coller la vignette dans mon cahier car je suis capable de…* » Si l'enfant n'est pas capable, il garde sa vignette dans une pochette qui se trouve à la fin du cahier. L'enfant sait qu'il devra encore essayer pour pouvoir coller sa vignette.

Quand une compétence est acquise, l'enseignant sollicite l'enfant pour continuer à progresser dans le domaine. Par exemple : « *Je suis capable d'enfiler mon manteau seul.* » L'enseignant l'encourage à le fermer seul.

• • L'évaluation diagnostique

L'évaluation ne sera pas la seule menée par l'enseignant. Elle sera précédée par une évaluation diagnostique, nécessaire à l'enseignant pour connaître ses élèves, leurs rythmes, leurs envies, leurs représentations, leurs acquis. Il saura ainsi quels objectifs travailler, quelles situations d'apprentissage mettre en place, comment former ses groupes de travail pour, tantôt favoriser l'hétérogénéité, tantôt l'homogénéité. Cela suppose de la part de l'enseignant une observation fine et réelle.

• • L'équipe pédagogique

Il est nécessaire que l'ensemble de l'équipe pédagogique communique autour de chaque enfant, pour réfléchir au sujet des compétences à travailler, à approfondir.

• • Le travail de partenariat avec la famille

L'enseignant prend le temps de recevoir chaque famille afin de communiquer l'évaluation, d'expliquer et de la faire participer à l'évolution de l'enfant. Il explique :

– que tous les enfants n'ont pas le même rythme ;

– que l'école fonctionne par cycles d'apprentissage et que celui du cycle 1 est celui des apprentissages premiers. Il est donc très important, puisqu'il fait partie du cursus scolaire de leur enfant, bien que l'école ne soit pas obligatoire à cet âge ;

– que l'école attend de l'enfant de moyenne section qu'il soit de plus en plus autonome et que les parents doivent l'y aider.

II. Les compétences dans l'évaluation

Liste non exhaustive des compétences d'enfants de moyenne section à adapter selon les compétences trouvées par les enfants ou suggérées par l'enseignant. (voir exemple de vignettes p. 166.)

• • Les compétences transversales

1 – Les attitudes

Construction de la personnalité, acquisition de l'autonomie, apprentissage de la vie sociale, désir et plaisir de connaître, envie d'apprendre.

« *Je suis capable :*

– de mettre mon manteau ;

– de mettre mes chaussures ;

– d'enlever mon pull ;

– d'attacher mes lacets ;

– de mettre ma fermeture ;

– de mettre mes boutons ;

– d'aller chercher le matériel dont j'ai besoin (objets de la classe) ;

– de préparer le petit-déjeuner ;

– d'écouter les autres ;

– de respecter les règles de vie ;

– de lever le doigt pour prendre la parole ;

– de participer aux activités ;

– de jouer avec les autres ;

– de venir à l'école sans pleurer ;

– de recommencer un travail pour le réussir ;

– de prendre des responsabilités. »

2 – Les compétences conceptuelles

Construction des concepts fondamentaux d'espace et de temps.

« *Je suis capable :*

– de me déplacer seul dans l'école ;

– de dire le nom du jour et de mettre la date ;

– de me repérer dans l'emploi du temps dans la journée ;

– d'utiliser les termes relatifs au temps et à l'espace. »

3 – Les compétences méthodologiques

Mémoire et méthode de travail.

« *Je suis capable* :

– de retenir une comptine ou une chanson ;

– de retenir la comptine des jours ;

– de respecter une consigne : écouter et faire ce que dit la maîtresse ;

– de coller proprement ;

– de découper sur une ligne ;

– de *participer à un projet collectif.* »

• • Les compétences dans le domaine de la langue

1– Vivre ensemble, communiquer, apprendre à parler. Construire son langage

« *Je suis capable* :

– de parler à un enfant ;

– de parler à un adulte que je connais ;

– de parler à un adulte que je ne connais pas ;

– de parler à un groupe ;

– de parler en articulant correctement ;

– de dire mon prénom ;

– de dire mon nom ;

– de connaître tous les prénoms des enfants de la classe ;

– de nommer des objets ;

– de répéter une phrase ;

– de formuler une demande ;

– de poser une question ;

– de répondre à une question pour comprendre une histoire ;

– de savoir restituer un récit ;

– de raconter une histoire avec un début et une fin ;

– de lever le doigt pour prendre la parole ;

– d'écouter les autres. »

2 – S'initier au monde de l'écrit

« Je suis capable :

– de reconnaître d'autres prénoms ;

– de reconnaître quelques mots ;

– de choisir un livre dans la bibliothèque ;

– de ranger un livre dans la bibliothèque ;

– de reconnaître un type ou support d'écrit : une chanson, une affiche, un journal, une couverture d'albums, un livre documentaire ;

– de dessiner une histoire en m'inspirant d'images ;

– de commencer à établir une correspondance entre oral et écrit ;

– d'écrire mon prénom ;

– d'écrire des mots. »

3 – Posséder l'outil pour produire de l'écrit

« Je suis capable :

– de tenir correctement un crayon, un stylo, un pinceau ;

– de faire quelques graphismes en copie ;

– d'inventer des graphismes ;

– de représenter une personne, un animal, une chose ;

– d'écrire mon prénom en capitales d'imprimerie ;

– d'écrire mon prénom de gauche à droite. »

• • Les compétences relatives aux différentes disciplines

1 – Les mathématiques

• Approche du nombre.

« Je suis capable :

– de réciter la comptine numérique jusque... ;

– de dénombrer jusque 6 ;

– de trier ;

– de classer ;

– de mettre la table pour six pour le petit-déjeuner. »

• Reconnaissance des formes et relations spatiales.
« *Je suis capable* :
– *de me situer dans l'espace* ;
– *d'utiliser le vocabulaire topologique* ;
– *de reconnaître le rond, le rectangle, le triangle.* »

• Mesure.
« *Je suis capable* :
– *de comparer des grandeurs* ;
– de classer les grandeurs. »

2 – Découvrir le monde

« *Je suis capable* :
– *de fabriquer quelque chose grâce à divers éléments par emboîtement, pliage, collage…* ;
– *de construire* ;
– *de faire des expériences* ;
– *d'observer* ;
– *de commenter* ;
– *d'émettre des hypothèses* ;
– *de les vérifier* ;
– *de conclure.* »

3 – Imaginer, sentir, créer

• Éducation musicale.
« *Je suis capable* :
– *de chanter seul, en groupe* ;
– *de reproduire un rythme* ;
– *de reconnaître et de nommer quelques instruments de musique* ;
– *d'écouter et de reproduire des sons avec mon corps.* »

• Arts plastiques.
« *Je suis capable* :
– *de reconnaître et nommer des couleurs* ;
– *de fabriquer la couleur verte* ;

– de fabriquer la couleur orange ;

– de fabriquer la couleur violette ;

– de fabriquer la couleur grise ;

– de fabriquer des couleurs foncées et des couleurs claires ;

– d'utiliser quelques techniques de peinture, avec la main, le doigt, le pinceau fin ou large, le rouleau, le pochoir... ;

– d'utiliser l'encre, la peinture épaisse ou liquide ;

– de déchirer ;

– de découper du papier, du carton. »

4 – Agir dans le monde

« *Je suis capable* :

– d'oser prendre des risques ;

– de faire une roulade ;

– de faire rouler une balle dans une direction ;

– de lancer un ballon ;

– d'attraper un ballon ;

– de sauter en hauteur ;

– de reproduire un geste ;

– de marcher en équilibre sur un banc ;

– d'évoluer sur une musique en tenant compte de la vitesse, du rythme, en respectant les silences. »

III. Compte rendu de séances réalisées au premier trimestre

• L'évaluation est construite à partir de leurs représentations en rapport avec l'idée de grandir.

À chaque séance, on se réfère à un moment de la journée, ce qui va obliger les enfants à structurer leur pensée.

• Toutes les séances sont organisées de la même façon :

– rappel de ce qui s'est passé dans la séance précédente ;

– rappel du thème : qu'est-ce que ça veut dire être grand ? Ce qu'il faut faire et ce qu'il faut apprendre ;

– choix d'un sujet se rapportant à un moment ou une activité de la journée ;
– discussion : l'enseignant prend des notes.
• Synthèse avec les écrits de l'enseignant.
• Recherche d'images pour illustrer les compétences.

• • Première séance

Les enfants sont amenés à énumérer tout ce qu'ils devraient faire pour se préparer à aller dans la cour.

– « *Mettre son pull, son blouson, ses chaussures. Quand on sera plus grand ou pourra aussi mettre ses lacets, ses boutons, sa fermeture.* »

– « *On est à l'école pour apprendre.* »

– « *Que faut-il faire, si on veut un jour réussir à faire tout cela ?* » « *Il faut essayer.* »

En atelier, les enfants recherchent dans des catalogues des vignettes, pour illustrer chaque compétence. Si un enfant ne trouve pas, l'enseignant dessine lui-même la vignette.

• • Deuxième séance

« *Qu'est-ce que ça veut dire : devenir grand ?* »

Une discussion collective commence.

À chaque fois, on se souvient de ce que l'on a fait à tel moment, ce qu'on y a appris, ce qu'on essaie de maîtriser comme compétences...

– Les rituels, c'est le jour de la bougie. Il faut apprendre à dire le nom des jours, la comptine des jours. Il faut savoir quel jour on est.

– Les rituels, c'est aussi les étiquettes-prénoms pour l'appel : il faut reconnaître son prénom, celui de ses copains ; il faut compter les absents, et aussi les présents.

– Les rituels, c'est aussi : écouter les autres, lever le doigt pour prendre la parole, se faire comprendre des autres, respecter les autres, respecter les règles.

• • Troisième séance

Avant ou après un travail, une nouvelle question se pose : « *Que faut-il savoir faire seul ou apprendre à faire seul ?* »

Une discussion collective rapporte :

– en peinture : « *mettre son tablier* » ;

– après la peinture : « *se laver les mains* » ;

– avant de commencer un atelier : « *prendre le matériel dont on a besoin* » ;

– pendant l'atelier : « *respecter la consigne ; participer à l'activité ; aider un copain ; partager avec ses copains* » ;

– après l'atelier : « *coller proprement son étiquette-prénom sur sa production ; ranger le matériel* ».

• • Séances suivantes

Elles se déroulent selon le même principe, c'est-à-dire répondre à la question « *qu'est-ce que ça veut dire "être grand" ?* » :

– avec des albums ;

– quand on parle en groupe ;

– pendant les jeux mathématiques ;

– etc.

À chaque fois, les enfants énumèrent ce qu'ils apprennent à faire pour devenir grand, à tel moment de la journée ou lors d'une activité.

Je suis capable de mettre mes chaussures.

Je suis capable de mettre mon manteau.

Je suis capable de mettre mes boutons.

Je suis capable d'attacher ma fermeture.

Je suis capable d'attacher les lacets de mes chaussures.

Je suis capable de mettre mon tablier tout seul.

Je suis capable d'enlever et de remettre mon pull-over.

Je suis capable de me laver les mains.

Je suis capable de prendre le matériel dont j'ai besoin pour travailler.

Je suis capable de ranger.

Je suis capable de jouer avec les autres.

Je suis capable de prendre des responsabilités.

Je suis capable de sauter.

Je suis capable de faire une roulade.

Je suis capable de marcher en équilibre.

Je suis capable de grimper.

Je suis capable de faire rouler une balle pour l'envoyer à une autre enfant.

Je suis capable de faire rouler une balle pour faire tomber des quilles.

Je suis capable de reconnaître des formes géométriques (rond, triangle, rectangle).

Je suis capable d'ordonner du plus petit au plus grand.

Je suis capable de faire un puzzle.

Je suis capable de jouer avec un dé de couleurs.

Je suis capable de jouer avec un dé à constellations.

Je suis capable de jouer aux dominos

Je suis capable d'identifier un support écrit (journal, album, livre documentaire, chanson, recette…)

Je suis capable de regarder un livre seul.

Je suis capable de prendre un livre et de le ranger.

Je suis capable d'écouter attentivement une histoire.

Je suis capable de remettre en ordre des images séquentielles.

Je suis capable d'écrire en me servant de l'imprimerie.

Je suis capable de réciter la comptine des nombres jusqu'à…

Je suis capable de reconnaître les chiffres.

Je suis capable de dénombrer jusque…

Je suis capable de mettre la table et de préparer le petit déjeuner pour six.

Je suis capable de trier.

Je suis capable de classer.

Bibliographie

Ouvrages généraux

Les chemins des savoirs en maternelle, M. Libratti, C. Passerieux, Éd. Chroniques Sociales.

Construire son identité à la maternelle, A.-M. Doly, R. de Rosa, Éd. Nathan.

De 3 à 6 ans. L'enfant metteur en scène de sa vie, A. Guillote, Éd. Chroniques Sociales.

Cheminements en maternelle, Meyer, Éd. Hachette.

Apprends-moi à réfléchir, F. Kretz-Idas, B. Saline, Éd. Nathan.

Comment les enfants découvrent la pensée, J. Wilde Astington, Éd. Retz.

L'apprentissage de l'abstruction, B.-M. Barth, Éd. Retz.

La langue orale

Comment les enfants apprennent à parler, J. Bruner, Éd. Retz.

La maîtrise de la langue à l'école, Ministère Éducation Nationale, CNDP.

Parler ensemble à la maternelle, A. Florin, Éd. Ellipse.

Quel langage à la maternelle ?, D. Durif, Éd. Colin-Bourrelier.

Ateliers de langage pour l'école maternelle, J.-F. Simonpoli, Éd. Hachette.

Comment la parole vient aux enfants, B. de Boysson-Bardies, Éd. O. Jacob.

De l'usage des gestes et des mots chez l'enfant, Collectif, Éd. A. Colin.

Le groupe classe en maternelle : Activités pour communiquer, F. Guillaumond, Éd. Retz.

Du langage à la grammaire en GS, D. Chauvel, D. Champagne.

Le développement de l'enfant, savoir faire, savoir dire, J. Bruner, PUF.

La langue écrite

Apprentissage de la langue et conduites culturelles, B. Dévanne, Éd. Bordas.

Lire, écrire, des apprentissages culturels, B. Devanne, Éd. A. Colin.

Jeux de sons et de lecture, M. L. Winninger, Éd. Retz.

La lecture. Premier support, Collectif, Éd. Nathan.

BCD Maternelle, C. Jordi, CRDP Nice.

Comment l'enfant devient lecteur, G. Chauveau, Éd. Retz.

Former des enfants lecteurs, Collectif d'Écouen, Éd. Hachette.

Apprentissage progressifs de l'écriture à l'école maternelle, INRP, Hachette Éducation.

L'Activité Physique et Sportive

Revue EPS (11, avenue du Tremblay, 75012 Paris).

Pratiquer les activités motrices en MS et GS, J.-C. Boulo, J.-C. Olivier, D. Varvavais, Éd. A. Colin.

Pour faire l'éducation physique à la maternelle, N. et P. Lamouroux, Éd. Casteilla.

Apprenez à relaxer vos enfants, D. Chauvel, C. Noret, Éd. Retz.

Des jeux pour détendre et relaxer vos enfants, D. Chauvel, C. Noret, Éd. Retz.

Gym et jeux d'éveil pour les 2-6 ans, J. Chocove, Éd. Amphora.

Des jeux pour l'expression corporelle en maternelle, A.-M. Venner, Retz.

La danse à l'école maternelle, J. Bellicha, N. Imberty, Nathan.

Les sciences

L'Éveil par les activités scientifiques, Tavernier, Éd. Bordas.

Les sciences de la nature au cycle 1, D. Chauvel, D. Wach, Éd. Retz.

Comment les enfants apprennent les sciences, J.-P. Astolfi, B. Peterfalvi, A. Vérin, Éd. Retz.

L'enseignement scientifique. Comment faire pour que ça marche, G. de Vecchi, A. Giordan, Éd. Delagnare.

Les sciences à l'école maternelle, D. Chauvel, V. Michel, Éd. Retz.

Les mathématiques

La représentation de l'espace chez l'enfant, J. Piaget, B. Inhelder, PUF.

À la maternelle : des jeux avec des règles, D. Chauvel, V. Michel, Éd. Retz.

Enseigner les maths à l'école, F. Cerquetti-Aberkane, Berdonneau, Éd. Hachette Éducation.

17 jeux mathématiques en grande section, L. Champdavoine, Éd. Nathan.

Comment les enfants apprennent à calculer, R. Brissiaud, Éd. Retz.

Graphisme et écriture

Autour du graphisme à l'école maternelle, CDDP Haute-Savoie.

Mon premier apprentissage de l'écriture, J. Cougnenc, Éd. Retz.

Arts plastiques

Premiers dessins, S. Steinkampf, S. Uglianica, Éd. Dessain et Tolra.

Empreintes, traces ou l'acte de peindre, CRDP Limoges.

Regards sur l'éducation esthétique à l'école maternelle, CRDP Nantes.

Je dessine avec des ronds, E. Maume, Éd. Fleurus Idée.

Les arts plastiques, D. Lagoutte, CNDP.

Activités créatrices à la maternelle, S. Dorance, Éd. Retz.

Un pinceau pour le dire, C. Aubry, SEDRAP.

Le jardin de Monet, C. Prost, Éd. Casterman.

Les activités plastiques, C. Reyt, Éd. A. Colin.

Conception mise en page : **Michèle Bisgambiglia**

Réalisation : **Domino**

Illustrations : **Domino**

Préparation de copie : **Catherine Lainé**

Corrections : **Thérèse Grandvoinnet**

N° d'éditeur : 1103
N° de projet : 10115113 - D.L. mai 2001
Achevé d'imprimer en mai 2004 sur les presses de l'Imprimerie Campin 2000
à Tournai - Belgique